경영의 창으로
본 세상 2

박명호 경영칼럼

경영의 창으로 본 세상 2

저자 박명호
펴낸이 한헌주
펴낸곳 도서출판 **K-books**
등록 1995년 11월 9일 제300-1995-138호
주소 서울특별시 서대문구 독립문로 21-9
전화 02)738-7035(대표)
팩스 02)722-4678
이메일 kmsp@korea.com
홈페이지 http://www.kmsp.co.kr
초판인쇄 2024년 5월 25일
초판발행 2024년 5월 30일

값 15,000원
ISBN 978-89-420-0037-1 (03320)

하사賀詞

경영학 학자로서의 철학을 집대성한 『경영의 창으로 본 세상』을 출간하신 때가 엊그제 같은데 연이어 『경영의 창으로 본 세상 2』를 집필하신 우리대학교 박명호 석좌교수님의 변함없는 열정에 새삼 놀라움과 존경을 표하지 않을 수 없습니다. 거듭 축하와 감사를 드립니다.

박명호 석좌교수님의 글들은 일간지에 연재된 칼럼인 만큼 그 논점이 매우 시의적절하여 독자들로 하여금 흥미로우면서도 현실에 대한 공감이 무엇보다 크다 하겠습니다. 명망 있는 경영학자로서의 탁견과 끊임없는 연구가 뒷받침된 칼럼이니 지극히 당연한 결과라 여겨집니다.

현실적 관점에서 바라본 구체적인 사안들, 예컨대 '대구떡집은 서울 연희동에 있다', '동성로는 동성로다워야 살아난다', '한국의 맛' 그리고 '못난이 농산물' 같은, 사회 전반은 물론 지역적으로도 매우 관심이 가는 주제들마다 학자로서, 또 생활인으로서의 탁월한 분석과 견해를 피력하고 있으니, 후학들은 물론 생활 현장에서도 많은 참고가 될 것이라 생각됩니다.

그런가 하면, 박명호 석좌교수님은 본연의 연구 분야에 대해서도 남다른 식견으로 여러 본질적인 문제와 더불어 미래 지향적인 논제를 심도 있게 제안하기도 합니다. 한국능률협회컨설팅이 발간하는 최고경영자을 위한 월간지 『Chief Executive』에 게재되었던 '경영학 산책'이라는 분야에서는 지속 가능한 경영 혁신과 미래적 관점의 고언도 날카롭게 적시하고 있습니다. 전문적이면서도 그 표현이 결코 난해하지 않으니 독자들로 하여금 몰입을 더욱 높게 합니다.

교수님은 오랜 기간 우리대학교에서 연구와 교육을 통해 탁월한 업적을 이루신 분입니다. 또한 주요 보직을 두루 수행하시며 많은 경험도 쌓으셨기에 오늘의 『경영의 창으로 본 세상 2』가 더욱 가치 있는 책으로 탄생했다 생각됩니다. 많은 독자들께 값진 공감의 세계를 제공할 것이라 여기며, 좋은 책을 출간하게 되심을 다시 한 번 깊이 축하드립니다.

계명대학교 총장 신일희

추천사

아직 코로나가 한창이던 2022년 봄, 박명호 교수께서 경영칼럼집 『경영의 창으로 본 세상』을 내셨는데 2년 만에 후속편이 나온다는 소식을 들었습니다. 제가 전편의 추천사를 쓴 이력도 있고 해서 책 출간 소식이 무척 반가웠습니다. 지역신문의 칼럼으로 자주 접할 기회가 있었지만 막상 책으로 내신다니 궁금하기도 하고 기대가 되었습니다.

잘 아시듯 책의 저자인 박명호 교수님은 자타가 공인하는 국내 마케팅 분야 석학이십니다. 40년 동안 대학교에서 후학 양성에 힘써 오셨고, 지역 교육계의 원로이자 경영학자로 많은 존경을 받고 계신 분입니다. 산업경영, 마케팅, 유통 등 산업분야 학회에도 오래 몸담으셔서 그런지 실물경제에도 밝으시고 감각이 뛰어나십니다.

이번 신간에서도 교수님은 특유의 감각으로 국내외 경제 상황과 사회적 문제점, 이슈들을 '경영의 창'에 투과시켜 다양한 이야기 거리로 만들어냈습니다. 후속편은 전편 보다 더 우리 지역과 생활에 밀착된 내용으로 더 많이 채워져 있습니다. 저자는 서문시장, 동성로와 같은 우리의 일부였던 상권이 계속 정체되고 퇴보하고 있다는 사실을 안타까워했고, 무너져 가는 가족제도와 노인문제에 대해서도 따뜻한 감성으로 학자적 조언을 하고 있습니다. 또한 경영자의 품격, 책무 등

'성공하는 경영자'가 갖춰야 할 요건과 코로나 이후 새로운 마케팅 트렌드, 경제 위기에서 생존하는 법 등을 해박한 지식과 날카로운 통찰력으로 풀어내고 있습니다.

대개 그렇듯 경영자도 자기가 경영하는 분야에 침착되고 매몰되어서 자칫 큰 그림을 놓칠 위험이 있습니다. 특히 '경영'은 '실전'이라고 생각하는 분들이 그렇습니다. 저는 모름지기 경영자는 스페셜리스트이자 제너럴리스트가 되어야 한다고 생각합니다. 경영자라면 더더욱 역사, 사회, 문화 등의 인문 서적을 자주 접해 기업현장에서 경험하기 어렵고, 평소 생각지 못한 자양분을 얻어야합니다. 저자의 지론처럼 경영도 결국 사람이 하는 일이기 때문입니다.

책의 글 중에서 '바둑에서 현재의 포석이 미래를 위한 것이듯, 경영자들은 내일을 위해 오늘을 산다.'는 글귀가 새삼 가슴에 와 닿았습니다. 저 또한 기업 경영자로써 많은 시행착오를 겪었지만 '내일'은 좋아질 것이라는 믿음과 희망을 가지고 '오늘'을 힘껏 달려가고 있습니다.

경영에 관심이 있는 청년들, 새로이 사업을 꿈꾸고 있는 미래 경영자들, 그리고 경영을 배우고 싶어 하지만 어려워하는 많은 사람들에게 이 책이 널리 읽혔으면 하는 바람입니다.

제23대, 제24대
대구상공회의소 회장 이재하

책을 내며

책을 펴내는 일 앞에서는 언제나 한없이 조심스러워집니다. 연구를 집대성한 전공 서적이나 최소한 한두 주제에 대해 심도 있는 사색과 방대한 자료조사의 결과라면 당연히 예외가 될 것입니다. 하지만 세상살이에 관한 글을 시류에 맞추어서 칼럼이라는 형식으로 신문에 몇 자 기고한 글들을 모아 책을 낸다는 것은 아무래도 주저되는 일입니다. 누구나 쓸 수 있는 일을 명색이 학자라는 자가 취할 길일까 여러 번 망설여졌습니다. 그러나 주위 친지들의 강권에 이기지 못해 이번에도 졸문을 모아서 세상에 내놓습니다. 상식의 눈이 아니라, 경영적 가치와 경영학 지식 체계를 통해 세상을 바라보고 나름 대안을 제시한 것이 도움이 되리라는 것이 유일한 기대입니다.

『박명호의 경영칼럼』을 대구신문에 격주로 집필을 시작한 것이 어언 5년을 눈앞에 두고 있습니다. 2년 전 이맘때 기고한 글들을 모아 『경영의 창으로 본 세상』이란 제목으로 출판하였습니다. 기업인들과 경영에 관심이 있는 여러분들이 분에 넘치는 사랑을 주셨습니다. 특히 평소 저의 칼럼의 애독자들께서 많은 격려와 축하를 보내주셨습니다. 이들의 지지에 용기를 얻어 두 번째 책을 같은 이름으로 내놓게 되었습니다.

한국능률협회컨설팅이 발간하는 CEO 월간지,『Chief Executive』의 '경영학 산책' 코너에 2023년에 기고했던 7편의 글을 추가했습니다. 주로 경영의 기본 주제나 경영 원리에 관한 것이지만 CEO들이 여전히 궁금해하거나 확실한 이해를 구하는 내용들을 심도 있게 다루었습니다. '박명호 경영칼럼'의 독자들에게도 매우 흥미 있는 내용이 될 것으로 믿습니다. 아쉽게도 저의 건강 문제로 일곱 달 만에 중단했습니다.

'경영학은 인문학人紋學이다'라는 것은 저의 지론입니다. 사실 인류 역사는 사람들이 만들어 낸 무늬의 역사입니다. 인류문명의 유전자지도를 찾아 20여 년 동안 60개국을 여행한 뒤『문명은 디자인이다』란 책을 펴낸 권삼윤 선생을 만난 적이 있습니다. 그는 인류 생존의 열쇠를 디자인의 세계로 설명합니다. 디자인 세계는 철저히 '다름'을 추구하며, 문명 또한 그러하다는 것입니다. '같음'은 생명의 원리가 아니며 그것은 우리를 서서히 죽음으로 몰고 가는 행위나 다름없다고 강조합니다. 그런데 기업만이 생명의 원리인 '차이'를 추구한다고 주장합니다. 우리가 미래에 대해 희망을 지닐 수 있는 것은 바로 이런 기업이 살아있기 때문이라고 했습니다.

기업을 연구하는 경영학이 살아있는 이유이기도 합니다. 동서고금을 망라하고 사람이 살아가는 삶의 현장에는 늘 문제가 있었습니다. 저는 그것을 지혜롭게 해결하는 것이 경영이라고 믿습니다. 기업이 추구하는 무늬는 곧 그 기업의 경쟁력입니다. 그것이 세상 사람의 무늬人文를 제대로 반영할 때 생명이 됩니다. 칼럼을 쓸 때 저는 늘 이것을 마음에 둡니다. 사람의 마음을 제대로 읽을 줄은 모르지만 여러 석학의 글과 주장을 살펴 어떤 대상이나 현상에 대해 그들이 만들려는 무늬가 무엇일까를 생각해 봅니다. 부족한 지식과 편협한 자료가 늘 졸문으로 이어지기가 일쑤입니다만 그래도 경영 지식이 세상을 변화시키는 데 반드시 유용하리라는 신념은 여전합니다.

지난 책에 이어 이번에도 제가 가장 존경하는 두 분께서 귀한 글로써 격려해 주셨습니다. 바쁘신 중에도 축하의 글을 써주신 신일희 총장님은 저의 일평생 멘토이십니다. 저에게 늘 귀중한 가르침과 옳은 길을 가르쳐 보여주십니다. 추천의 글을 주신 이재하 회장님께도 존경과 감사의 말씀을 올립니다. 지역 경제의 수장을 두 차례나 역임하시고 지난달 본업으로 귀임하셨습니다. 지역 경제계뿐만 아니라 우리나라 경제계의 큰 어른으로 존경받는 분이십니다. 저로서는 두 분의 가르침과 격려에 그저 감동할 뿐입니다.

두 번째 책을 낼 수 있도록 애정으로 격려해 주신 대구신문사의 김상섭 사장님과 윤덕우 주필님에게도 감사의 말씀을 전합니다. 한국능률협회컨설팅의 한수희 사장님과 편집부의 이동언 기자님께도 감사드립니다. 저의 부족한 글을 늘 읽으시고 지도와 충고를 아끼지 않으시는 애독자님들에게 존경과 감사의 말씀을 올립니다. 책을 만드느라 수고를 아끼지 않으신 K-books의 한헌주 사장님을 비롯한 편집진 여러분들께도 그동안의 노고에 고마움을 전합니다.

나의 건강을 돌보고 계속 글을 쓸 수 있게 도와준 아내에게 진정으로 감사의 말씀을 전합니다. 아내와 함께 살아온 날들이 올해로 반백년이 되었습니다. 한결같이 나를 지지해 준 아들·딸들에게도 고맙다는 말을 전하고 싶습니다. 제대로 성장하여 자기 몫을 다하는 그들에게도 늘 박수를 보냅니다. 지금까지 그리고 여기까지 인도하신 우리 주 예수 그리스도께 감사와 존귀와 영광을 올립니다.

2024년 5월

박 명 호

차 례

4부 변혁 시대의 아포리아#

아포리아 Aporia : 해결방도를 찾을 수 없는 난관의 상태. 그리스어의 본래 뜻은 '막다른 곳에 다다름'이다.

5부 경영학 산책

1부

성공하는 경영과 멋진 경영자

상상력은 돈이자 권력이다.

상상력과 결합한 상품 및 서비스, 마케팅이 시장을 주도하는 것은 물론

상상력이 풍부한 지도자가 국가를 이끌고

또한 상상력이 풍부한 리더가 회사를 이끌게 된다.

- 김용섭·전은경, 『소비자가 진화한다』

미래 비전은 단순한 큰 꿈이 아니라,

꿈을 현실로 만들 수 있는 전략과 관련된 비전이다.

- 존 F. 케네디 John F. Kennedy

01

어제 오늘 그리고 내일

경영이란 내일을 바라보며 성장하는 일

어린 아이가 엄마에게 묻는다. “엄마, 내일이 언제야?” “응, 오늘 밤 자고나면 내일이란다.”라고 엄마가 대답한다. 다음 날 아침, 그 아이는 엄마에게 “오늘이 내일 맞지?”라고 자신 있게 말한다. 엄마는 “아니야. 오늘은 오늘이고, 내일이 내일이야.”라고 설명한다. 아이는 연신 고개를 갸우뚱거리며 이상하다는 표정을 짓는다. 그 아이의 모습을 보는 엄마도 헷갈리기는 마찬가지다.

어른들과는 달리 아이들은 오늘 못지않게 내일이 궁금하고 또 내일 일에도 관심이 많다. 청년들도 마찬가지로 내일을 산다. 내일의 꿈을 간직하고 있기 때문이다. 그러나 어른들은 대개 어제를 사는 사람들이다. 그들의 대화 내용은 온통 과거의 일들뿐이다. 모처럼 친구들을 만나면 오래전 학창 시절이나 어렵게 살았던 과거의 일들을 마치 오늘의 일인 양 전개한다.

그러나 모든 청년들이 미래의 꿈을 지니고 살아가는 것은 아닌 모양이다. 어느 교수가 신입생 오리엔테이션에 참가한 새내기 대학생들을 향해 청춘靑春이 아니라 황춘黃春이라고 불렀다. 대학입시에 쪼들린 탓에 얼굴을 제대로 펴지 못해서라고 짐작했다. 하지만 그게 아니라 그들에게서 꿈을 볼 수 없었기 때문이란다. 지금 우리 청년들은 과연 내일을 꿈꾸고 있는지 궁금하다.

대통령의 일본과의 과거사 정리 해법을 두고 지난 한 주 동안 국민들 사이에 치열한 찬반 논쟁이 있었다. 과거의 잘못에 대해 일본의 진정성 있는 사과가 없는 어떠한 해법도 용납할 수 없다는 것이 반대의 주된 논리인 듯하다. 한편, 대통령은 과거를 털고 이제는 미래를 바라보며 나아가야 한다고 강조했다. 한일 강제징용 협상과정에서 대통령이 참모들에게 가장 강조한 말은 다름 아닌 '청년'이었다고 한다. 한일 관계가 미래로 나아갈 수 있도록 양국 청년들에게 기회를 부여하는 사업의 개발도 강조했다. 청년과 미래 세대에게 교류 협력의 기회를 열어주어야 한다는 것이다.

기업 경영도 내일을 바라보는 일이다. 경영이란 계획과 실행 그리고 통제와 피드백으로 구성되는 경영 사이클Management Cycle을 지속적으로 관리하는 일이다. 첫 번째 과업인 계획 수립은 미래 일정 기간 동안 기업이 성취해야 할 목표와 그것을 실현하기 위한 방법을 결정하는 것이다. 계획 과정에서는 어제의 일들을 평가하고 반성한다. 그러나 과거의 일에 집착하지는 않는다. 미래의 기회와 변화를 엿보고, 기업의 내일을 만들어 나가는 것이다. 따라서 미래에 대한 바른 예측과 대응이 경영의 성패를 좌우한다. 바둑에서 현재의 포석이 미래를 위한 것이듯, 경영자들도 내일을 위해 오늘을 산다. 경영은 결코 과거에 매달리지 않는다.

우리네 삶도 과거에 얽매이지 않고 미래를 향해 성장해 나가야 한다. 가장 좋은 방법은 용서와 타인에 대한 관심이다. 예루살렘에는 '야드 바셈Yad Vashem'이란 역사박물관이 있다. 과거 나치 독일에 의해 자행된 유대인 대학살의 희생자들을 추모하는 국립기념관이다. 전시관의 맨 끝에는 이런 글귀가 쓰여 있다고 한다. "그들을 용서는 해 주자. 그러나 잊지는 말자."

타인의 잘못을 용서하는 것은 쉽지 않다. 그들이 용서받을 자격이 없다고 믿기 때문이다. 더글러스 홀러데이J. Douglas Holladay는 『여덟 가지 인생 질문』에서, 그럼에도 불구하고 용서해야 하는 이유는 그것이 우리의 삶을 더 좋게 바꾸기 때문이라고 했다. 용서는 우리의 미래를 자유롭게 하고, 타인을 향한 사랑과 관심을 경험하게 한다는 것이다. 용서하지 않는 것은 자신이 독을 마시고, 다른 사람이 죽기를 바라는 것과 같다고 했다. 그래서 우리는 용서하고 용서받으면서 살아가야 한다.

과거 식민지 시절 일본이 저지른 만행에 대해 우리 국민은 용서 이전에 일본 정부의 진정한 사과를 바란다. 하지만 어떤 경우든 남에게 받아내는 사과는 진정성을 확인하기가 쉽지 않다. 우리가 그리고 내가 용서하는 것은 진정성을 바로 확인할 수 있다. 자신이 한 일이기 때문이다. 진정한 용서가 되갚음을 이긴다는 것은 평범하지만 매우 확실한 진리다. 만행과 치욕을 어떻게 용서할 수 있겠느냐고 묻겠지만 훌륭한 품성과 높은 문화를 갖춘 우리 국민은 능히 해낼 수 있다.

갈등이 커지고 오래가면 당사자 모두가 심각한 불편과 고통을 겪는다. 누구나 상대방이 변화되기를 바라며, 또 변화시키려고 노력한다. 하지만 그것은 거의 불가능에 가까운 일이다. 오히려 나를 바꾸는 것이 쉽다. 『어린왕자, 두 번째 이야기』에도 같은 해답이 있다. "설령 고약한 이웃이 있더라도 그저 너는 좋은 이웃이 되려고 노력해야 하는 거야. 간단히 말해서 세상을 바꾸는 단 한 가지 방법은 바로 자신을 바꾸는 거야." 내가 용서하면 상대방도 마음을 열고, 그리고 바뀌게 된다. 용서는 아름다운 내일을 약속하는 위대한 힘이다.

(2023.03.13.)

경영의 창으로 본 세상 2

02

지켜져야 할 약속

명확한 약속과 그것이 지켜져야 할 이유

지난 달 아프리카 수단에서 발생한 내전 상황에서 우리 교민을 구출한 작전명은 약속이란 뜻의 영단어 '프라미스Promise'였다. 총알이 날아올 정도로 위험한 상황에서 우리 교민들은 안전하게 탈출하도록 해주겠다는 정부의 약속을 굳게 믿었다. 정부는 가능한 모든 노력을 기울여서 구출 작전을 성공시켰다. 대원 중 한 사람은 성공적인 작전으로 국민들의 생명과 안전에 대한 약속을 지키게 되어 영광으로 생각한다고 말했다. 또한 구출된 수단 교민들은 안전하게 구출되리란 믿음이 있었다고 했다. 약속을 지킨 정부와 그 약속을 믿은 교민 모두가 협력으로 이루어 낸 쾌거다.

'프라미스'가 아니더라도 요즘 언론에 가장 많이 등장하는 단어는 아마도 '약속'이란 말일 것이다. 지난 주 간호법 제정안에 대한 윤석열 대통령의 거부권 행사를 둘러싸고 대한간호협회와 야당은 대통령이 간호법 제정 약속을 파기했다고 반발했다. 대선공약 파기라는 야당의 주장에 여당은 정식으로 공약한 바가 없다고 항변한다. 의료법 문제로 우리 의료계는 찬반 둘로 나뉘어 대립하고 있고, 여야 갈등도 최고조에 달했다. 정부와 여당은 '의료계 갈라치기'를 목적으로 한 '날림입법'이라며 타협안 마련에 야당이 동참할 것을 촉구하고 나섰다.

이런 가운데 '병든 약속'이란 희한한 '약속'이 나왔다. 누가 누구에게 어떤 말을 구체적으로 어떻게 약속했는지를 당사자들도 모르는 그야말로 황당무계한 '약속 아닌 약속'을 말한단다. 우리 사회에는 이처럼 여러 모양의 약속이란 단어가 난무하고 있다. 분명한 것은 구체성과 명확성이 결여된 약속은 본질상 약속이 아니라는 점이다. 약속이 아닌 것은 당연히 누구라도 지킬 도리도 의무도 없다. '병든 약속'은 개인은 물론이고, 사회를 병들게 하고 혼란만 가중시키는 선동이며 해악에 불과하다.

기업 경영도 약속의 현장이고, 그 약속이 명확하고 실천 가능할 때 성취된다. 고객에 대한 약속, 투자자와 종업원에 대한 약속은 물론이고, 사회와 국가에 대한 약속도 그 내용과 실천방도가 분명해야만 당위성과 가치를 인정받는다. 그래야 기업이 사회공동체와 조화롭게 생존하며 성장하게 된다. 기업들이 ESG경영에 집중하는 이유다. 경제적 가치뿐만 아니라 환경Environment, 사회Social, 지배구조Governance 등 사회적 가치까지 보다 능동적이고 전향적으로 고려해야 지속적 성장이 가능하다. 이렇듯 ESG를 구체적으로 약속하고 실천해서 사회적 책임과 사회적 가치를 높여나가야 기업이 발전할 수 있는 시대가 되었다.

기업의 마케팅 활동도 따지고 보면 고객과 분명한 약속을 하는 것이다. 고객에게 구체적이며 실천 가능한 가치를 약속하고, 그 약속을 실천하겠다는 다짐이다. 마케팅의 목표는 차별적 고객가치를 고객이 쉽게 이해하고 편리하게 누릴 수 있도록 하여 고객 만족을 달성하는 것이다. 이를 위해 내부고객인 종업원들은 고객에게 약속한 가치를 고객이 원하는 방식으로 정확히 전달할 수 있어야 한다. 마케팅의 경쟁력은 결국 누가 더 새롭고, 보다 유익한 가치를 고객들에게 제대로 약속하고 진정성 있게 실천하느냐에 달려있다.

우리 사회에는 다양한 약속이 있다. 법적 구속력을 지닌 계약에서부터, 예약, 선약, 협약, 공약 등이 말이나 문서의 형태로 이루어진다. 각서 또는 양해각서라는 것도 있고, 밀실에서 비정상적으로 이뤄지는 밀약도 있다. 정당한 약속은 반드시 지켜져야 하지만 약속이 깨어질 가능성은 늘 존재한다. 약속 당사자 간의 신뢰가 결여되거나 약속이 실행되어야 할 시점에 큰 변화가 발생한 경우에는 약속이 지켜지기 어렵다. 따라서 당사자 간에 신뢰가 있어야 약속이 지켜질 것이라는 믿음도 생겨난다. 마케팅에서도 다양한 형태의 약속을 한다. 광고, 홍보 등을 통해서 제품이나 서비스에 대한 약속을 천명한다. 제품의 브랜드 자체가 약속이 되기도 한다. 약속이 지켜지면 고객의 신뢰가 생기고 우호적 고객관계가 형성된다. 이러한 고객관계는 경쟁력의 기반이 되는 충성고객으로 이어진다.

신용사회에서는 약속을 지키는 것을 매우 중요하고 높게 평가한다. 비록 하잘것없어 보이는 약속도 예외가 아니다. 상대방이 감탄할 정도로 약속을 정확하게 지키면 상대방은 그 사람을 신뢰하고 존경한다. 미국의 미래 정치학자인 프랜시스 후쿠야마가 저서 『트러스트』에서 밝혔듯이 선진국은 신뢰수준이 높은 사회다. 누구라도 질서와 법규를 잘 지킨다는 믿음이 강한 사회가 고신뢰사회다. 법규는 구속력을 지닌 약속이다. 기초질서에 관한 법규를 잘 지키는 것이 가장 절실하다. 교통법규 준수 위반, 쓰레기 불법 투기, 함부로 침 뱉기 같은 것들은 사소한 문제가 아니다. 이들은 신뢰사회의 근본을 위협하는 심각한 약속 위반 행위다. 모두의 안녕을 위해 가장 먼저, 그리고 반드시 지켜져야 할 중요한 약속이다.

(2023.05.22.)

경영의 창으로 본 세상 2

03

비즈니스도 전쟁이다

고객가치의 차별화와 리더십이 최고의 전략

러시아가 우크라이나의 영토를 무력으로 침공했다. 푸틴은 "우크라이나의 비무장을 추구할 것"이라며 항복을 요구했으나, 우크라이나는 결사적으로 맞서고 있다. 주요 서방국들은 강력한 경제제재 카드를 꺼내 들었고, 러시아가 철군하지 않을 경우 수위를 더 높일 것이라고 한다. 국제사회는 러시아의 침략을 규탄하는 유엔 결의안을 압도적인 지지로 통과시켰다. 하지만 러시아는 여전히 공격의 고삐를 당기고 있어 이 전쟁의 결말이 어떻게 될지 오리무중이다.

인류의 역사는 전쟁의 역사다. 3,500여년의 인류 역사에서 평화가 유지된 기간은 겨우 270년에 불과하다고 한다. 전쟁이라는 행위의 밑바탕에는 이익을 추구하는 본성이 깔려 있다. 전쟁에서는 항상 이익을 뒤에 감추고 그럴싸한 명분을 앞세운다. 그러나 러시아의 우크라이나 무력 침공은 어떤 명분도 정당성도 인정받기 어려워 보인다. 특히 러시아는 이 전쟁에서 불법무기를 사용하고 어린이를 포함한 민간인들을 무차별 공격하여 국제사회의 비난을 받고 있다.

우리나라에서도 최근 큰 전쟁을 치렀다. 10개월여에 걸친 대통령 선거 전쟁이다. 이틀간의 사전 투표와 본 투표에서 앞으로 5년간 대한민국을 이끌 새 국가지도자를 선출했다. 후보자들은 국민들의 선택을 받기 위해 치열한 선거전을 펼쳤다. 당선인은 '공정과 상식'을 기본 가치로 삼은 선거 전략으로 유권자의 마음을 얻어 승리했다. 그러나 대체적으로 이번 대선은 미움으로 가득한 선거였다는 평가다. 비호감 선거라는 오명도 등장했다.

'전략'이란 전쟁을 이기기 위한 책략이다. 전쟁에서든 정치에서든 '전략'의 목표는 승리를 얻는 것이다. 반드시 한쪽 편만 이기게 된다. 이른바 제로섬zero sum 게임이다. A가 이기면 A를 제외한 나머지 모두는 반드시 진다. 비즈니스도 전쟁이다. 하지만 전쟁이나 정치와는 달리 비즈니스 전쟁은 제로섬 게임이 아닌 경우가 많다. 하나 이상의 승자가 있을 여지가 얼마든지 있다. 한 회사가 경쟁우위로 승자가 되었다고 해서 경쟁사가 모두 망하는 것은 아니기 때문이다.

'사업 세계는 전쟁과 같다商場如戰場'는 중국 속담처럼 비즈니스 전쟁은 실제 전쟁과 매우 흡사하다. 경쟁업체를 유린하거나, 기습적인 공격을 퍼붓기도 하고, 때로는 맞대응을 피한 채 적당한 시기를 모색하는 등 전쟁의 모습을 다분히 지니고 있다. 또한, 모든 비즈니스 세계에서는 언제나 끝나지 않는 전쟁을 치르고 있다. 종전도 휴전도 없다. 비즈니스는 영속되기 때문이다. 더욱 치열해지고 살벌해지는 비즈니스 전쟁에서도 승자가 되기 위해선 반드시 '전략'을 탐구하고 실행해야 한다.

경제 전쟁, 무역 전쟁, 마케팅 전쟁, 상표 전쟁 등 오늘날 비즈니스를 전쟁 상황에 비유하는 것은 매우 흔하다. 하지만 비즈니스에서 전쟁 용어인 '전략'이란 단어가 등장한 것은 그리 오래되지 않았다. 현대 경영학의 아버지로 불리는 피터 드러커가 1964년에 쓴 『성과 경영』은 원래 제목이 『비즈니스 전략』이었다. 그 당시 사람들은 '전략'이란 용어는 군대나 정치판에서 쓰는 말이지 비즈니스에는 어울리지 않는다고 여겨 책 제목이 바뀌었다. '전략'이란 용어가 비즈니스 분야와 경영학에서 본격적으로 사용된 것은 대략 1970년대 후반부터다.

비즈니스 전략의 목표는 경쟁자보다 뛰어난 성과를 달성하는 것이다. 그러기 위해서는 반드시 경쟁 상대와는 뚜렷이 구별되고 경쟁자가 쉽게 모방할 수 없는 차별화를 창조해내야 한다. 따라서 경영자에게는 전략적 사고가 매우 중요하다. 경쟁 상대를 잘 파악하고 그들과의 상호작용을 반드시 이해해야 한다. 게임이론 연구자들은 모든 움직임은 경쟁자의 반응을 불러일으키므로 경쟁자들이 추구하는 가치에 주목해야 한다고 주장한다. CEO는 경쟁자들의 입장이 되어 보고 다른 사람의 마음을 가져야만 비즈니스 전쟁에서 승리할 수 있다.

전략strategy의 어원은 장군이란 뜻의 그리스어 'strategos'로 알려져 있다. 이렇듯 전략의 주체는 전략의 구상과 실행의 전체 과정을 경영하는 리더다. 즉, 리더십이 기본이다. 군사전략가인 카를 폰 클라우제비츠도 『전쟁론』에서 리더가 결단의 순간에 어떤 결정을 내리느냐가 전쟁의 승패를 결정짓는다고 말했다. 비단 전쟁을 치르는 국가의 최고 지도자뿐 아니라 모든 조직의 지도자들 그리고 비즈니스 세계의 CEO들에게도 동일하게 적용되는 원칙이다.

어떤 전쟁이라도 리더십에서 시작해 리더십에서 끝난다. 승리의 열쇠는 리더의 신념과 자질에 달려있다. 우크라이나 전쟁은 아직 끝나지 않았다. 전쟁의 두 지도자인 우크라이나의 젊은 대통령 볼로디미르 젤렌스키와 같은 이름의 러시아 대통령 블라디미르 푸틴의 리더십을 비교해 본다면 궁극적으로 어느 쪽이 승리할 것인지 짐작해 볼 수 있지 않을까.

(2022.03.14.)

경영의 창으로 본 세상 2

04

통신은 대화가 아니다

대화란 인격적 관계

최근에 들은 일화 한 가지.

외국에서 공부하고 있는 아들이 오랫동안 소식이 없자 궁금함을 참지 못한 어머니가 마침내 모바일 폰으로 문자를 보냈다. 답신을 받지 못해 걱정하던 중 또 다시 장문의 문자를 보내며 꼭 연락을 해 달라고 신신당부했다. 며칠 후 마침내 아들이 답을 보내 왔다. '네'라는 한 글자였다. 아들이 무사함에 안도하면서도 답이 너무 짧은 것이 서운해 좀 더 길게 써 보내면 안 되겠느냐고 문자를 다시 보냈더니 이번에는 곧바로 답이 돌아왔다. '네 네 네'라고.

어머니는 아들이 어떻게 사는지 궁금하고, 자세한 사연도 듣고, 서로 조언하며 이야기를 나누고 싶었다. 그러나 아들은 어머니의 계속되는 연락이 그리 반갑지 않은 모양이었다. 어머니는 진정한 대화를 원했지만 아들은 단순한 안부 통신을 한 셈이다. 국어사전에서는 대화를 '마주 대하여 서로의 의견을 주고받는 것'이라고 정의한다. 그러나 요즘 많은 사람들은 얼굴을 마주보지 않고도 말이나 글로 이야기를 잘도 나눈다. 정보통신기술ICT; information and communication technology을 활용하기 때문이다.

이제 정보통신기술은 대화의 수단으로 일상 사용된다. 대화의 매체인 ICT에서는 T기술보다는 I정보가 더 중요하다. 당연히 하드웨어기술는 소프트웨어정보를 위해 존재하는 것이다. 하지만 정보보다 더 중요한 것은 상대방과 나누는 의미 있는 메시지, 곧 이야기를 전달하고 공감하는 C소통다. 단순히 정보의 주고받음만으로는 온전한 대화가 어렵기 때문이다. 정보를 주고받는 통신은 기계나 정보시스템이 오히려 사람보다 능숙하다. 반면 대화의 목적인 공감이나 상대방이 말하는 뜻을 제대로 알려면 정보가 주는 의미를 이해해야 한다. 그래야 올바른 의사소통communication이 가능하다. 그러므로 사람을 먼저 생각하는 인간적 요소가 대화의 핵심이다.

확실히 근래에는 사람들과의 직접적인 대화가 매우 부족하고, 그 내용도 삭막하기 그지없다. 예전에 비해 사람들과의 직접적인 만남이 매우 힘들어졌다. 코로나19와 같은 역병으로 교류가 제한되기도 하였지만 모두가 바쁘다고 해서 얼굴을 마주하기가 어렵다. 무엇에 그리 바쁜지 '바쁘죠?'라고 묻는 것이 인사다. 분명 살기는 더 나아졌다는데 모두가 허둥대며 살아간다. 부모와 자식 간의 대화, 친인척이나 친구는 물론이고 이웃과의 대화도 거의 단절 상태다. 사람人이란 서로 기대며 살아가는 존재라는데 모두들 각자도생各自圖生이다. 그런 까닭인지 상대방을 이해하려는 자세와 노력은 찾아보기 힘들다.

기업 경영에서도 구성원들과의 소통이 무엇보다 중요하다. 대화로써 구성원들의 에너지를 집결해 시너지synergy를 이루어야 경영목적을 달성할 수 있기 때문이다. 구성원들이 기업 목표를 향해 움직이게 되는 힘은 바로 소통에서 나온다. 무엇보다 경영자가 구성원들의 지각, 기대, 요구를 깊이 이해하는 것이 소통의 선결 조건이다. 먼저 기업의 나아갈 방향에 관한 정보를 종업원이 제대로 지각하도록 해야 한다. 아울러 종업원이 기대하는 방식으로 소통하는 것도 중요하다. 경영자가 주는 메시지를 종업원이 받아들이지 못한다면 아무런 반응도 기대할 수 없기 때문이다. 결국 기업에서 소통의 궁극적인 목적은 종업원들이 바람직한 행동을 하도록 요구하는 것이다. 그러려면 종업원과의 인격적 관계가 제대로 형성되어 있어야 한다. 그리고 서로의 성격이나 특성을 잘 이해하고 수용해야 한다. 역지사지易地思之다.

우리 국민들은 먹통과 불통의 정치 풍토를 크게 걱정한다. 정치하는 사람들이 상대방의 입장은 아랑곳하지 않고 오로지 자기만의 이야기를 거침없이 쏟아내기 때문이다. 여야 간에는 물론이고 자기 진영 내에서도 상대방을 존중하며 올바른 해결책을 대화로 찾아내려는 노력이 보이지 않는다. 연초에 대통령이 제시한 3대 개혁과제도 결국은 대화로써 국민 공감대를 이루며 추진해 나가야만 성공할 수 있다. 어려운 일일수록 국민을 잘 이해하고, 공감하려는 자세가 매우 필요하다.

무슨 대화에서든지 말하는 목적은 상대방에게 뜻을 전달하기 위한 것이다. 말을 듣는 것 역시 뜻을 파악하기 위한 것이다. 이처럼 누구나 대화 가운데서 말 속에 담긴 뜻을 찾고 나름대로 해석한다. 그러므로 대화를 나누는 이들이 서로의 뜻을 정확하게 이해하는 것이 가장 바람직하다. 남의 말을 성심 성의껏 듣지 않고서는 불가능한 일이다. 옛말에 독서를 할 때는 눈과 입과 마음, 세 가지가 합쳐져야 비로소 글의 뜻을 제대로 알 수 있다고 했다. 독서삼도讀書三到다. 마찬가지로 대화에도 마음과 몸의 준비가 필요하다.

설날이 다가온다. 고향의 부모님과 친지들을 찾아뵙고, 서로 마주보며 정겨운 목소리로 많은 이야기를 나누게 될 것이다. 삭막한 통신이 아닌 풍성한 대화를 기대한다.

(2023.01.14.)

경영의 창으로 본 세상 2

05

'나와 너' 말고 '우리'가 기적을 만든다

'우리'란 새의 양 날개처럼 균형을 맞춰 함께 날갯짓을 하는 것

갑자기 불어 닥친 한파와 화물연대의 운송거부사태로 국민들의 염려와 우려가 크다. 경제난국을 극복하기 위해서는 온 나라가 총력을 기울어야 할 때인데, 안전운임제 연장을 둘러싸고 화물연대가 요구하는 내용이나 투쟁방식이 가뜩이나 어려운 국가경제에 찬물을 끼얹는다는 정부의 뜻과 상충하고 있어 파업의 당위성이 시험대에 놓여있다.

"경기침체가 오고 있다."는 경고는 국내외 주요 경제기관과 경제전문가들의 한결같은 메시지다. 극심한 경기침체 속 물가상승과 금융위기가 한꺼번에 발생하는, 소위 'SF 복합위기Stagflation+Financial Crisis'가

도래할 것이라고 한다. 지금 우리 경제는 고물가, 고금리, 고환율의 3고 현상으로 생산은 물론이고 경기회복의 동력인 소비마저 힘을 잃고 있다. 글로벌 인플레이션이 지속하는 가운데 생산, 소비, 투자가 모두 줄어드는 트리플 감소가 올해 세 차례나 나타나면서 경기 둔화가 현실화되고 있다. 이러한 상황에서 극심한 노정 갈등까지 겹쳐 우리 경제가 최악의 위기를 맞고 있다.

비단 노정 갈등뿐만 아니라 세대 간 갈등, 빈부 갈등, 지역 갈등, 노사 갈등, 심지어 가족 간 갈등에 이르기까지 지금 우리 사회는 어디 한 곳도 성한 데가 없는 듯하다. 여러 가지 갈등들은 이미 도를 넘어 이해당사자들이 극심하게 충돌하는 지경에 이를 정도로 매우 심각하다. 갈등의 원인은 각각이겠지만 그 양태는 '편 가르기'라는 후진적 사고방식에서 기인한다. 그 결과 우리 사회의 안정은 물론이고 국가의 안위까지 허물 수 있는 큰 위협 요인이 되고 있다.

갈등은 기업에서도 쉽게 볼 수 있는 현상이다. 리더와 구성원 간의 갈등, 부서간의 갈등, 그리고 직원 상호 간에도 갈등이 발생한다. 사실 갈등은 시장 경제체제의 경쟁 구도 속에서 나타나는 불가피한 현상이다. 그리고 어느 정도의 갈등은 성장과 번영에 분명 필요한 요소다. 하지만 갈등 수준이 고조되면 심각한 부작용이 발생하고 기업의 성장과 발전에 크게 유해한 결과를 초래한다. 따라서 최고경영자CEO는 갈등의 원인을 정확히 파악하고 위험 수준의 갈등이 발생하지 않도록 조직 내 갈등을 체계적으로 관리해야 한다.

회사의 영어 표현인 컴퍼니company는 '함께 빵을 먹는 동료들'이란 뜻에서 유래했다. 직원은 피고용인이 아니라 한 식구요 한 가족이라는 것이다. 따라서 직원의 행복을 추구하는 것이 CEO의 최우선 책무여야 한다. 직원이 없으면 회사도 없다. 그들을 잘 대접하면 그들이 모든 것을 이루어준다. 그래서 월마트에서는 직원을 종업원employee이라 부르지 않고 동료associate라고 부른다. 기업의 성공은 경영자와 직원이 새의 양 날개처럼 균형을 맞춰 함께 날개 짓할 때 실현된다. 그러려면 CEO는 직원과 끊임없이 소통해서 갈등의 장벽을 없애고 공동의 목표를 지향해야 한다. 그래야만 일류기업이 된다.

일류기업의 직원은 자신의 업무는 물론이고 자신이 한 말과 행동에 끝까지 책임진다. 이러한 자세는 공동체의 규범을 철저히 지키는데서 정립된다. 고객은 직원의 이러한 모습에서 그 기업을 인정하고 신뢰한다. 그리고 직원들은 서로 협력하며 일체가 되어 위기도 극복한다. 선진 사회도 마찬가지다. 선진 사회의 구성원들은 약속과 질서를 잘 지키며 언제나 공동체의 기본적 규범을 준수한다. 그것이 건강한 사회의 바탕과 동력이 되는 기본 요건이기 때문이다. 그러나 남 탓하기에 급급하며 자기 행동에 책임을 지지 않는 이들은 이러한 기본 규칙을 지키기는커녕 오히려 무시하거나 파괴한다.

『내가 정말 알아야 할 모든 것은 유치원에서 배웠다』에서 로버트 풀검은 문명사회에서 인간이 지켜야 할 기본 지혜를 다음과 같이 설파했다. “무엇이든지 나누어 가지라. 공정하게 행동하라. 남을 때리지 말라. 사용한 물건을 제자리에 놓아라. 자신이 어지럽힌 것은 자신이 치우라. 내 것이 아니면 가져가지 말라. 다른 사람을 아프게 했다면 미안하다고 말하라.” 이러한 규칙은 정상 사회의 기초다. 그런데도 많은 이들이 이처럼 쉬운 규칙을 제대로 지키지 않는다. 갈등과 불신 그리고 무책임과 혼란은 바로 여기에서 비롯된다.

안타깝게도 지금 우리 사회는 기본 규범조차 지켜지지 않고 불순한 의도의 ‘편 가르기’가 일상화 되어 있다. 희망이란 말을 입에 담기조차 어렵다. 그러나 때로는 기적이 일어나기도 한다. 지난 주말 새벽에 우리나라 대표 팀이 월드컵 축구 경기에서 기적적으로 16강에 진출했다. 모든 선수와 지도자가 한 팀이 되어 일궈낸 쾌거다. 이렇듯 모든 국민이 반드시 ‘한 편’이 되어야 할 때가 있다. 지금이 바로 그 때다. ‘나와 너’ 말고 ‘우리’로 하나가 되면, 당면한 경제위기를 넉넉히 극복할 수 있는 해결의 실마리가 기적처럼 나타날 것이다.

(2022.12.05.)

경영의 창으로 본 세상 2

06

사람과 사랑은 동의어다

사람 사랑이 리더의 최고 덕목

태풍 '힌남노'로 막대한 인명과 재산의 피해를 입자마자 연이어 우리나라에 또 다른 큰 태풍 '난마돌'이 찾아왔다. 다행히도 '난마돌'은 큰 피해를 끼치지 않고 물러갔다. 그러나 태풍보다 더 큰 충격적인 사건 소식이 들려온다. 소위 스토킹 살해사건이다. 사건의 피의자는 입사동기인 여성 역무원을 3년여에 걸쳐 지속적으로 협박했고, 재판을 받던 중 흉기를 휘둘러 피해자를 숨지게 했다고 한다. 그는 공인회계사 시험에 합격한 이력까지 가지고 지난 2018년 공기업인 서울교통공사에 입사한 청년으로 알려졌다. 대체 무슨 원한으로 그처럼 잔인한

일을 저질렀는지 도무지 이해하기 어렵다.

이달 셋째 주 토요일에 열린 '대한민국 청년의 날' 행사의 주제는 '청년의[행복,꿈,희망+@]을 동행하다'였다. 하지만 지금 이 땅의 청년들에게 꿈과 희망을 볼 수 있는지는 자못 궁금하다. 많은 젊은이들이 비전과 꿈은 버리고 자신의 존재를 헌신짝처럼 여기고 있는 것은 아닌지 심히 우려된다. 우리는 그들이 무엇을 위해 그리고 어떻게 살아가고 있는지를 잘 알지 못한다. 단지 젊은이들이 자신들의 삶은 물론이고 이웃의 행복에 대한 책임감도 없이, 그리고 눈앞의 허상만을 좇아서 살아가는 것 같아 정말 안타깝다. 『사피엔스』에서 "우리 모두는 어디를 향해 가고 있는지 아무도 모른다. 하지만 더욱 나쁜 것은 인류가 과거 어느 때보다 무책임하다는데 있다."라고 주장한 유발 하라리의 지적이 틀리지 않은 듯하다.

꿈과 비전이 없이 살아가는 사람의 삶은 비참하다. 누구나 꿈을 성취하려는 열정이 있어야 그의 삶이 가치 있고, 보람 있는 삶을 누릴 수 있기 때문이다. 헬렌 켈러가 기자와의 인터뷰에서 이런 질문을 받았다고 한다. "장님으로 태어난 것보다 못한 것은 무엇일까요?" 그녀의 대답은 단순 명쾌했다. "시력은 있지만, 비전은 없는 것이지요." 눈앞의 모습에만 집착하면서 미래의 비전이 없이 살아가는 삶은 사람답게 사는 것이 아니라는 것이다. 특히 청년들에게는 꿈과 함께 열정이 넘쳐야 한다. 열정은 평범한 미래를 특별한 작품으로 만들어주는 마법과 같은 것이기 때문이다.

기업 경영에서도 꿈과 비전이 가장 중요하다. 그것은 존재의 이유이기 때문이다. 그래서 기업은 자신만의 차별화된 사명 또는 미션이 있어야 한다. 그리고 구성원들은 사명을 소홀히 여기거나 결코 잊어서는 안 된다. 나이키라는 회사는 단지 운동화나 운동복을 팔려고 존재하는 것이 아니다. 나이키는 인간의 잠재력을 확장한다는 크고 원대한 기업 사명으로 일한다. 삼성전자의 존재 이유도 휴대전화나 가전제품을 팔아 돈을 많이 버는 것이 아니다. 고객들이 보다 편리하고 쾌적한 환경에서 살 수 있도록 삶의 질을 높여 인류사회에 이바지하려는 것이 사명이요 꿈이어야 한다. 여기에는 반드시 고객 사랑이라는 대전제가 필수적이다. 사랑과 관심이 없으면 고객이 진정으로 소중히 여기는 것들을 볼 수도 찾을 수도 없기 때문이다.

이처럼 기업은 고객 사랑을 바탕으로 고객들에게 핵심가치를 제공해야 한다. 따라서 기업 경영의 최우선의 과제는 고객이 진정으로 바라는 것을 어떻게 전달해야 할 것인가를 끊임없이 고민하고 실천하는 것이다. 그리고 모든 구성원은 이 사명을 명심하여야 한다. 사업에 실패하는 가장 큰 이유는 왜 이일을 하고 있는지를 잊고서, 눈앞의 급선무를 처리하는데 분주하기 때문이다. 기업의 최대 성과는 공동의 사명을 위해 성실히 일하는 구성원들의 헌신에서 나온다. 그 원동력은 고객이라는 사람을 사랑하는데 있다. 사랑은 평범한 사람을 인재로 변화시키는 위력을 지니기 때문이다. 사람을 제일로 여기는 기업은 세상에서 제일 강하다.

사람 사랑은 리더의 최고 덕목이다. 사람은 누구나 소중한 존재로 인정받기를 원한다. 조직의 구성원이 리더로부터 존중 받는다고 여길 때 온전한 리더십이 발휘된다. 따라서 리더는 구성원들이 꿈과 비전을 가지고 조직에 헌신하도록 자존감을 높여주고, 격려하고, 지원해주어야 한다. 그래야만 구성원의 잠재능력이 최고조로 발휘될 수 있다. 기업뿐만 아니라 모든 사람의 일상의 삶도 사람 사랑이 전부다. "삶이란 사랑하는 방법을 배우는 것, 사랑이란 살아가는 법을 배우는 것, 그리고 배움이란 사람 속에서 살면서, 삶을 사랑하는 것이다." 최근 지인이 보내온 멋진 글이다.

가을에는 은퇴한 가수 패티김의 대표곡인 '가을을 남기고 간 사랑'이 우리의 마음을 끌어당긴다. 멀리 떠나간 옛사랑을 그리워하는 애절하고 의미심장한 노랫말 때문일 것이다. 이 노래는 '가을을 남기고 간 사람'이란 제목으로도 알려져 있다. 사람과 사랑을 동의어로 여긴 까닭이다. 사랑은 그 자체로서도 행복한 일이지만 세상을 살맛나게 한다. 진실한 사랑은 태풍도 어떤 고난도 견디는 힘이 된다. 모든 사람이 꿈과 사랑의 결실을 맺는 이 가을을 살고 싶다.

(2022.09.26.)

07

'대구떡집'은 서울 연희동에 있다

고유의 전통과 가치관이 경영 전략의 밑바탕

문화의 달 10월에는 곳곳마다 축제가 풍성하다. 코로나19로 오랫동안 중단되었던 행사들이 봇물 터지듯 앞 다투어 열리고 있다. 우리 고장에서도 여러 가지 문화행사가 시작되었다. 이제는 크게 숨 쉬며 문화행사를 한껏 즐길 수 있게 되어 정말 다행이다. 특히 우리 고장이 특성을 잘 살린 행사는 지역 주민뿐만 아니라 외지에서 오신 손님들로부터도 환영을 받는다. 또한 지역경제에도 큰 도움을 준다.

지역의 문화예술축제는 지역의 정체성과 장점을 잘 드러낼 때 경쟁력이 있다. 우리 고장에서 열리는 행사는 우리 고장만이 잘 할 수 있는 것이어야 한다. 그러려면 무엇보다도 지역민의 정서와 욕구가 제대로 반영되어야 한다. 행사의 주제와 내용에 지역민이 진정 바라는 것들이 제대로 담겨져야 한다. 아무리 글로벌 시대라고 하지만 지역 주민의 환영을 받지 못하는 행사가 외지인으로부터 좋은 평가를 받을 수는 없다. 지역의 축제가 철저히 지역 중심적 사고를 바탕으로 기획되어야 하는 이유다.

축제는 물론이고 지역의 발전 전략도 지역 고유의 전통과 지역 주민의 가치관에 바탕을 두어야 한다. 대구의 시정 슬로건이 '파워풀 대구'로 바뀌었다. 그런데 '역동적이고 힘 있는 대구'를 지향하려면 지역 주민의 열정과 꿈이 한 곳으로 모아져야 한다. 그 초점은 역시 지역 정체성이다. 오랜 세월 변하지 않고 이어져 온 소중한 문화유산이 정체성의 근간이다. 경상도 사투리가 그렇고, 가족 간의 유대감과 정겨운 전통문화가 정체성을 이루는 핵심적인 요소다. 문화행사를 통해 이러한 가치를 지키고, 발전시키고, 이어나가야 한다.

하지만 모든 것이 정신없이 변하다 보니 우리 고장의 정체성과 고유한 전통적 가치를 잊고 산다. 그래선지 우리 고장이 지닌 엄청난 문화유산을 구태적인 것으로 취급하는 삐뚤어진 정서도 적지 않다. 지역의 축제가 이것을 극복해야 한다. 모든 문화행사는 두 가지 핵심 질문에 답해야 한다. '누구를 위한 것이며, 또 무엇을 위한 것인가?'다. 지역의 정체성과 전통을 기준으로 삼아 철저히 점검해야 한다. 지역 주민의 진정한 바람을 외면한 행사는 결코 성공할 수 없기 때문이다.

지역의 문화 창달에는 지역 기업의 역할이 매우 중요하다. 우리 고장의 문화경쟁력은 주로 우리 지역의 중소기업에서 나온다. 하지만 경영현장을 자세히 들여다보면 지역 문화의 퇴보와 상실을 쉽게 엿볼 수 있다. 일례로 대구에는 '서울떡집'이 엄청 많다. 하지만 '대구떡집'이란 이름의 떡 가게는 찾아보기가 어렵다. 인터넷 검색을 해보니 서울 연희동 연세대학교의 서문 쪽에 '대구떡집'이 한 곳 있단다. 대구의 떡 가게 경영자들이 우리 고장의 이름을 자랑스럽게 여기지 않는 탓일까. 정녕히 이름은 얼굴이다. 얼굴이란 '얼영혼이 출입하는 굴통로'라는 재미나는 뜻풀이가 있다. 이처럼 얼굴을 보여주는 이름은 존재의 정체성을 드러낸다. 그래서 수많은 '서울떡집'은 실로 유감이다.

언어는 또한 중요한 문화 전달의 수단이다. 그 가운데 지역어인 방언은 그 지역의 정서와 정체성을 가장 잘 드러내는 고유 언어다. 다큐 영화 〈칠곡 가시나들〉에서 박금분 할머니가 "여기도 시詩, 저기도 시, 시가 천지삐까리다."라고 말한 명대사가 경상도 지역민의 심금을 울리는 이유다. 오로지 경상도 사투리로만 시를 쓰는 대구 출신의 상희구 시인이 지난 주말 한글학회가 주관한 '576돌 한글날 경축행사'에서 큰 상을 받았다. '국어운동 공로' 표창이다. '숨어 있는 수많은 지역어경상도 방언의 발굴·보존에 힘써 한글문화의 발전에 크게 기여'했다는 것이 수상의 이유다. 참으로 의미가 크고, 또한 자랑스럽다.

문화는 사회와 분리될 수 없다. 문화란 한 사회 내의 가치와 태도, 신념 등을 통틀어 지칭하기 때문이다. 그래서 그 형태가 어떠하든지 문화적 표현에는 한 사회 속의 '우리가 누구인지'에 관한 이야기가 담겨져 있어야 한다. 영화가 그렇고, 음악과 미술이나 공연문화도 다 그러해야 한다. 고장의 독특한 이야기가 문화예술로 표현될 때, 지역 주민들은 정서적 유대감과 정체성을 형성하게 된다. 나아가 다른 이들도 그 고장의 고유한 문화를 정확히 이해하고 그 가치를 인정하게 된다.

하버드대학의 데이비드 랑드 교수는 빈부를 결정하는 결정적 차이가 문화에 달려있다고 했다. 문화 속에 흥망성쇠의 해답이 있다는 것이다. 따라서 한 사회의 경제적 성취는 그 사회에서 우세하게 발현되는 문화와 함께 나아간다. 지역의 경제도 지역의 문화가 견인한다. 하지만 '우물 안 개구리 식'의 폐쇄적 지역 문화는 언제나 경계해야 한다. 지역의 정체성을 바탕으로 차별이 아닌 '차이다름'을 더욱 빛나게 할 수 있는 방법을 끊임없이 추구할 때 지역 문화는 지역 경제 발전의 동력power이 된다.

그래서 문화가 '파워'이고, 문화가 밥 먹여준다.

(2022.10.10.)

경영의 창으로 본 세상 2

08

나라경제의 위기와 신기업가정신

새로운 가능성을 찾아 위기를 극복하는 원동력

대통령선거와 지방선거로 한동안 나라가 시끌벅적했다. 선거가 끝난 지금은 차분하게 일상으로 돌아갈 때다. 물가, 환율, 가계부채, 국가채무, 글로벌 공급망 대란 등 소위 경제 5중고로 나라경제가 큰 위기를 맞고 있다. 비상한 위기상황에는 비상한 대처가 필요하다. 무엇보다 당면한 위기의 본질에 대한 분명한 인식이 우선이다. 정·재계가 지혜를 모아 올바른 대처 방안을 찾아내어 즉각 실행에 옮겨야 한다. 우리 경제가 당면한 미증유의 위기에 혁신적이고 즉각적인 대응이 요구된다. 한 순간도 지체하거나 시간을 낭비한다면 우리 경제는 걷잡을 수 없이 추락할 수도 있다.

이러한 가운데서도 한편으로는 반가운 소식이 들려온다. '신기업가정신' 실천 다짐이다. 지난 달 24일 대한상의에서 열린 '신기업가정신 선포식'에서 76명의 기업인이 기업선언문에 서명했다. 이들은 지속가능한 공동체를 만들려면 기업이 그 역할을 새롭게 해 국민의 신뢰를 얻어야 한다고 강조했다. 5대 실천 명제로 혁신·성장을 통한 일자리 창출과 경제적 가치 제고, 외부 이해관계자에 대한 신뢰와 존중을 통한 윤리적 가치 제고, 조직 구성원이 보람을 느끼고 발전할 수 있는 기업문화 조성, 친환경 경영 실천, 지역사회 동반 성장 등을 약속했다.

첫 번째 명제를 실현하기 위해 삼성, 현대자동차, 롯데, 한화 등 4개 대기업 그룹이 앞장서서 3~5년에 걸쳐 무려 600조 원에 가까운 초대형 국내투자를 하겠다고 발표했다. 다른 대기업들의 연이은 동참으로 10대 그룹이 향후 5년 내 총 1,055조 6,000억 원을 투자하고, 38만 7,000명을 채용할 계획을 밝혔다. 경제 성장과 고용 창출, 국제경쟁력의 확보를 통해 우리 경제의 재도약과 사회의 역동성을 이끌어 내겠다는 강력한 의지를 드러낸 것이다. 이재용 삼성전자 부회장은 "앞만 보고 가겠다. 숫자는 모르겠고 그냥 목숨 걸고 하는 것"이라고 말했다. 변화에 따르는 어떤 위험을 무릅쓰고라도 혁신과 성장을 결행하겠다는 기업가정신의 표명이다.

지난해 우리나라는 세계 10위명목 GNP기준의 경제대국으로 발돋움했고, 당당히 선진국 대열에도 합류했다. 원조를 받던 국가가 이제는 원조를 하는 나라로 탈바꿈했다. 지난 60여 년 동안 우리 경제의 기적적인 발전의 바탕에는 기업가정신이 중요하게 자리 잡고 있다. 한마디로 산업화 초창기에 기업가정신을 발휘한 불세출의 기업인들 덕분이다. 삼성, 현대, LG, 대우, 두산 등을 창업한 기업가들의 빛나는 기업가정신이 없었다면 우리 경제의 비약적인 발전은 아마도 불가능했을 것이다.

'하면 된다'는 정신의 정주영 회장, '사업보국과 인재제일'로 도전적 정신을 강조한 이병철 회장, '세계경영'을 주창한 김우중 회장, '부끄러운 성공보다 좋은 실패'를 강조한 박두병 회장, '뚝심경영'의 구본무 회장, 그리고 '변화'를 기치로 내건 이건희 회장의 기업가정신을 우리는 잘 기억하고 있다. 우리 경제의 기적은 이분들의 기업가정신과 우리 국민의 높은 교육 수준이 함께 어우러진 결과다. 하버드대학의 뚜웨이밍 교수가 주장한 전통적인 가족주의와 공동체주의 정신인 '신유교주의정신'의 직업윤리도 우리 경제에 큰 역할을 했다.

IT기업 인포시스의 창립자인 나라야마 무르티는 기업가정신이 상상력, 꿈, 과단성, 희생정신, 열정을 펼쳐 사회에는 일자리를, 자신과 동료에게는 부를, 국가에는 번영을 창출한다고 주장한다. 따라서 기업가정신은 경제발전의 원동력이자 경제의 활력을 보여주는 중요한 지표다. 그러나 우리나라 기업가정신의 현주소는 매우 실망스러운 수준이다. 전국경제인연합회는 지난해 7월, 2019년도 한국의 기업가정신지수가 경제개발협력기구OECD의 37개국 중 27위로 하위권을 기록했다고 밝혔다. 이는 부의 대물림, 교육에서의 창의성 봉쇄 및 다양성 불용, 학문 또는 기술 간 융합과 연계의 부족, 기업에 대한 국민들의 부정적 시각에서 비롯되었다.

우리 경제의 위기를 극복하는 열쇠는 기업가정신을 회복하는 것이다. 기업가정신은 험난한 과정이 기다리고 있으리라는 것을 잘 알면서도 새로운 사업에 도전하게 한다. 실패나 역경에 익숙하고, 장애를 기회로 여겨, 새로운 가능성을 찾아낸다. 실패한 발명품으로 초히트상품을 탄생시킨 3M의 포스트잇처럼, 기업가정신은 세상에 없던 뜻밖의 아이디어를 구체적으로 실현한다. 이렇듯 기업가정신은 버진그룹의 리처드 브랜슨 회장의 말대로 '위험을 감수하고, 영역을 확장하며, 실패를 두려워하지 않는 것'이다. 하지만 기업가정신은 기업가만의 원맨쇼가 아니다. 정치권력과 국민 모두가 기업이 기죽지 않고 신바람 나게 일할 수 있도록 지원하고 또 격려해주어야만 비로소 기업가정신은 꽃을 피운다.

"진정한 기업가정신이 유일한 21세기 생존전략"이라고 설파한 경영학의 구루 피터 드러커의 말이 새삼 실감나는 요즈음이다.

(2022.06.06.)

경영의 창으로 본 세상 2

09

지도자의 품격

경영자의 품격이 구성원을 지켜주는 이유

화물연대의 파업이 중단되어 다행히 물류가 한 숨을 돌리게 되었다. 지금 우리 사회에서는 비단 노동계뿐만 아니라 사회 각계각층의 불만과 불평과 분노가 강하게 표출되고 있다. 최근에는 상대 변호사의 변론이 자신에게 불리한 판결로 이어졌다며 분노한 자가 법조건물을 방화해 무고한 사람들이 죽거나 다치는 일도 있었다. 방화사건은 행정복지센터나 학교, 심지어 공권력을 집행하는 파출소까지 무차별 발생하고 있다. 마치 온 나라가 분노로 뒤덮인 듯하다.

우리나라는 왜 분노공화국이 되어가고 있는 것일까. 양극화와 물질

만능주의를 주된 원인으로 꼽는다. 여기에다가 우리나라 국민 특유의 성격도 한 몫을 한다. 소위 '3y'로 불려지는 '성급함hurry', '염려worry', 그리고 '성냄angry'이다. 한국 사람치고 '빨리빨리'가 몸에 배지 않은 사람은 드물다. 혹자는 '빨리빨리' 덕분에 우리 경제의 초고속 성장이 가능했다고 말한다. 하지만 성급함은 긍정적 요소보다는 부정적 요인으로 작동한다. 결과에 대해 심한 조바심과 염려를 하고, 기대에 못 미치는 결과에는 쉽게 화를 내거나 좌절하게 한다.

무분별한 언어 사용도 심각하다. 정치인들의 욕설과 막말은 이미 유행처럼 되어버렸고, 심지어 중·고등학생들끼리의 대화도 온통 욕투성이다. 무슨 뜻인지도 모르는 이상한 단어와 은어가 난무한다. 정치권에서 유행어처럼 쓰이고 있는 '내로남불'이란 말도 실상은 심히 부끄러운 내용이다. 지도자의 품위에 전혀 어울리지 않는 못돼먹은 신조어다. 전·현직 대통령의 집 앞에서는 오늘도 과도한 비방과 욕설이 고성으로 이어지고 있다.

이처럼 우리 사회의 윤리는 매우 심각한 상태다. 윤리란 사람의 성품에서 연유하기 때문에 잘못된 윤리는 쉽게 치유되지 않는다. 그러나 건강한 사회를 유지하고 사람들의 생명을 지키기 위해서는 반드시 제대로 된 윤리가 필수다. 그래야만 국민의 불안과 염려를 극복하고 삶에 긍정적 에너지를 불어 넣을 수 있다. 따라서 모든 지도자의 가장 중요한 덕목은 스스로 인격과 품격을 갖추는 것이다. 지도자의 품격이 기업을 발전시키고, 사회를 건강하게하고, 나라를 부강하게 만들기 때문이다.

링컨 대통령은 미국 역사상 가장 위대한 인물로 평가된다. 평생동안 그는 '존경respect'을 자신의 최고의 가치로 여겼다. 존경은 인격과 품위에서 나온다. 존경 받는 사람은 품격이 높고, 언제나 온화한 말을 한다. 상대방의 독설을 정면으로 맞받아치지 않는다. 남북전쟁 와중에 열린 내각회의에서 링컨의 정치 라이벌인 스티븐 더글러스는 링컨을 향해 '두 얼굴을 가진 사나이'라고 비난했다. 링컨은 "만일 저에게 또 다른 얼굴이 있다면 지금 이 얼굴을 하고 다니겠습니까?"라고 유머스럽게 응답했다.

막말과 욕설을 서슴지 않거나 법적 판결에 불복하는 정치지도자와 그리고 종업원을 무시하거나 욕설과 괴롭힘을 일삼는 경영자를 지도자라 부를 수 있을까. 부하 직원에게 저속한 말씨와 폭언 등 무례한 언행을 저지르는 경영자의 직원들은 반드시 모래알처럼 따로 놀게 된다. 회사에 피해를 끼치는 부정행위를 고의로 할 가능성도 높다. 애사심은커녕 협력을 통해 팀워크를 구축하는 일도 기대할 수 없다. 부하직원을 아끼고, 사랑하며, 존중하지 않기 때문이다.

훌륭한 기업은 구성원의 존중과 품위를 강조한다. 사우스웨스트항공Southwest Airlines의 사명선언문에는 "무엇보다 한결같이 존중하고 아끼는 마음으로 직원들을 대할 것이다. 직원들도 이런 마음으로 고객을 대하기를 기대한다."라는 말이 있다. 한편, 버진 그룹Virgin Group의 창업자 리처드 브랜슨 회장도 "사람들을 존중과 품위로 대하면 풍요롭게 성장할 것이고, 무례하게 대하면 시들어 바스라질 것"이라고 말했다. 지도자는 유·무형의 형태로 주변 사람들을 가르치는 선생이다. 경영자가 좋은 선생이 되면 직원들은 당연히 그를 지지하고, 올바르고 바람직한 일들을 하게 된다.

품격dignity의 사전적 의미는 '사람과 사물 따위에서 느껴지는 품위'다. 품위는 품행으로 드러난다. 정신과 의사인 이시형 박사는 『무엇이 우리를 최고로 이끄는가』에서 절제, 포용, 배려, 정직, 신의, 배움, 글로벌 마인드를 품격의 요소로 들고 있다. 지도자는 자만심과 우월감이 아니라 시종일관 품위 있는 태도로 행동해야 한다. 그래야 조직에 신뢰가 형성되고, 구성원들 사이에 사랑과 정의가 꽃 피우게 된다.

소크라테스는 감옥에서 독배를 마시기 전에 제자 플라톤에게 "사는 것이 중요한 것이 아니라 바로 사는 것이 중요하다."라고 말했다. 누구에게나 '바른 삶'은 품격을 갖출 때 이뤄진다. 특히 지도자의 품격이 바른 세상을 만든다. 분노와 불안이 가속화하는 현대사회에서 기업은 물론이고 국가의 미래와 성공도 결국 지도자의 품격에 달려 있다.

(2022.06.20.)

경영의 창으로 본 세상 2

10

어리석은 사람만이 자신의 생각을 바꾸지 않는다

열린 마음과 '다시 생각'하기가 사업 성패의 관건

최근에 들은 놀랍고도 기이한 이야기들.

#1. "할아버지, 그건 왜 물어요. 개인정보잖아요." 아파트 승강기에서 위층에 사는 초등생에게 나이를 묻자 돌아온 대답이다. 그 아이의 눈에는 의심의 눈빛이 가득했다.

#2. "아빠, 아무리 코나 눈망울이 예쁘더라도 예쁘다고 말하면 안돼요." 나이를 불문하고 여성들에게는 절대로 해서는 안 되는 표현이라고 딸이 강하게 충고한다. 자칫 성희롱이 될 수도 있단다.

#3. "선생님, 우리 딸이에요." 산책을 나온 이웃에게 인사를 건네니, 자기 강아지를 보고 내게 인사하라며 자기의 딸이라고 소개했다. 아무리 귀여워도 개가 딸이라니 도무지 이해하기 어렵다.

세상이 많이 달라졌다. 하지만 다양성과 다름을 인정하거나 포용하는 태도는 여전히 부족하다. 늘 의심과 편견이 앞선다. 바람직하지 않게 여겨지는 현상에 대해 소신을 밝히면 꼰대스럽다는 비난도 날라온다. 개인의 견해는 물론이고 단체의 방침이나 정부의 정책에도 사람들의 의견 격차가 극심하다. 그 중에서도 압권은 최근 대두된 유치원 폐쇄회로 텔레비전CCTV 설치에 관한 논쟁이다. 유치원 아동의 인권 침해를 방지하기 위해 꼭 필요하다는 학부모들의 주장과 교권 침해를 염려하며 이를 반대하는 교사들 간의 논쟁이 뜨겁다. 이들 사이에 가로 놓인 의심과 불신의 골이 매우 깊게 느껴진다.

핀란드 대사를 역임한 정동희 대사가 쓴 글이 생각났다. 교육제도를 시찰하러 핀란드에 간 우리 국회의원들이 유아원을 방문했을 때의 이야기다. "여기에는 CCTV를 설치하지 않느냐"는 질문에 현지 유아원장은 무슨 뜻인지를 몰라 어리둥절했다고 한다. 그는 단 한 번도 CCTV가 필요하다고 생각해 본 적이 없었기 때문이었다. 핀란드인이 타인을 평가하는 가장 중요한 기준 중 하나가 루오테타부스Luotettavuus, 즉 믿음이다. 고신뢰국가인 핀란드에서 감시 장치 따위는 전혀 소용이 없었다.

우리 사회에서 불신의 주범은 가짜뉴스fake news다. SNS를 비롯한 여러 미디어에서 생산된 정체불명의 가짜소식들이 우리 모두를 의심병자와 바보로 만든다. 한 사람이 저자에 호랑이가 나왔다고 말하면 믿지 않지만, 두 사람, 세 사람이 똑 같이 말하면 믿는다. 『맹자』의 삼인시호三人市虎의 고사故事다. 나치 독일의 선전 장관 괴벨스도 비슷한 말을 했다. 그의 어록에는 "선동은 문장 한 줄로도 가능하지만, 반박에는 수많은 증거가 필요하다. 그리고 그것을 반박하려고 할 때면 이미 사람들은 선동당해 있다."라는 말도 있다. 선동에는 진실을 밝히려는 어떤 해명과 노력도 무력하다.

불신과 선동은 건전한 사회 발전에 독소로 작용한다. 이를 극복하려면 현상을 '바르게' 봐야한다. 펜실베이니아대학의 애덤 그랜트 교수는 『싱크 어게인』에서 '다시 생각Think Again'하는 습관을 길러야 한다고 강조한다. 열린 마음으로 자신의 생각을 끊임없이 새롭게 고쳐나가야 한다는 것이다. 누구나 자기가 잘못 알고 있을 수도 있다고 인정하고, 그 이유를 밝히려고 노력해야 하는데도 사람들은 자신의 생각을 뒷받침하는 근거만 열심히 찾는다. 그 결과 자신이 보게 될 것이라고 기대하는 것만 바라보고확증편향, 자신이 보고 싶은 것만 바라보면서소망편향, 의심과 편견에 사로잡히게 된다.

기업에서도 CEO의 열린 마음과 다시 생각하기가 사업의 성패를 결정한다. 마이크 라자리디스는 휴대전화 블랙베리를 발명하여 회사를 지구에서 가장 빠르게 성장시켰다. 그러나 과도한 자기 확신에 갇혀서 성장의 기회를 놓쳤고, 회사의 주가가 크게 떨어지면서 결국 실패했다. 스티브 잡스도 자사의 히트 제품인 아이팟을 아이폰으로 바꾸자는 제안을 결사적으로 반대했다. 하지만 애플의 직원들은 잡스에게 자신이 확신하는 것들을 제발 의심해 보라고 설득했다. 다행히도 잡스가 그의 마음을 되돌림으로써 애플은 세계에서 가장 가치가 높은 기업이 되었다.

국가지도자도 당연히 자신의 생각을 새롭게 해야 한다. 노벨경제학상 수상자인 폴 크루그먼은 스티브 잡스나 빌 게이츠가 국가를 경영한다면 제대로 할 것인가에 대해 단연코 '노No'라고 말했다. 국가의 목표는 매우 다양하기 때문이다. 또한 국가의 정책방향은 언제나 딜레마에 빠질 가능성이 매우 높다. 모든 정책에는 수혜자가 있는 반면 손해를 입는 계층도 생기기 때문이다. 이를 조정하려면 능력과 지식, 경험뿐만 아니라 설득, 소통, 통합의 리더십도 필요하다. 하지만 미국의 심리학자 딘 키스 사이먼턴이 지적한대로 국가지도자의 위대성은 자신의 생각을 끊임없이 변화시키는 지적 호기심과 열린 마음에서 결정된다.

"자기 마음을 바꾸지 못하는 사람은 아무 것도 바꾸지 못한다." "우물쭈물하다가 내 이럴 줄 알았지."라는 묘비명으로 유명한 희곡작가 조지 버나드 쇼가 한 말이다. (2022.08.29.)

경영의 창으로 본 세상 2

11

그래도 희망으로 일어서자

경영자의 최고 책무는 구성원의 안전과 생명을 지키는 일

경악과 비탄 속에 애도의 한 주일을 보냈다. 꽃다운 나이의 아들과 딸들이 고통하며 우리 곁을 떠났다. 안전하고 건강한 시스템을 제대로 마련하지 못한 어른들의 잘못이 크다. 사망자 유족들과 부상자 가족들은 물론이고 국민 모두가 트라우마심리적 외상에서 벗어나기가 쉽지 않을 것 같다. 하지만 고통과 상처는 하루 속히 치유되어야 한다. 더 이상 이 땅에서 이처럼 어처구니없는 비극을 다시는 보지 않아야 한다. 통렬한 반성과 완벽한 재발 방지 대책을 시급히 마련해야 한다.

이 슬픔과 참혹함을 어서 극복하고 다시 일어서야 한다.

우리는 다시 일어서야 하고 또 일어설 수 있는 한국인이다. 지금 겪고 있는 비탄과 고통, 그리고 슬픔은 분명 극복될 것이다. 참혹한 사건 현장에서 많은 시민들이 서로를 도우며 위로하는 모습을 보았다. 합동분향소와 추모 공간을 찾은 조문객들이 안타까워하며 슬픔을 이기지 못하는 애절한 장면들도 확인할 수 있었다. 우리는 반드시 이 큰 슬픔을 견디고 이겨낼 수 있을 것이다. 사랑과 공감이 넘치는 이처럼 아름다운 사람들이 어찌 다시 일어서지 못하겠는가.

긍정과 사랑으로 서로를 위로하는 한 우리에게는 희망이 있다. "… 희망이 항상 어려움을 극복해 준다고 믿는다 / 그리고 슬픔의 유일한 치료제는 웃음이며 / 사랑이 죽음보다 더 강하다는 걸 나는 믿는다 …" 로버트 풀검은 '내 인생의 신조'라는 시에서 슬픔을 이기는 낙관과 희망을 강조했다. 하지만 희망이 현실이 되려면 잘못된 관행과 사고, 미흡한 제도를 시급히 그리고 적극적으로 고쳐야 한다.

더 이상 가만히 앉아 있어서는 절대로 안 된다. 탁상공론은 무용지물. 행동이 절실하다. 말로만 대책을 제시하지 말고 행동으로 실천해야만 사고를 막을 수 있다. 한때 '나토NATO; No Action, Talking Only'라는 말이 유행한 적이 있었다. 말만 하고 행동으로 실천하지 않는 안일한 자세를 비꼰 말이다. 지금도 여전히 많은 분야에서 갖가지 안전 대책을 실행 매뉴얼도 없이 '말로만' 쏟아낸다. 이래서는 우리 대한민국은 여전히 위험하다.

기업에서도 안전 문제는 사활이 걸린 중대한 문제다. 그래서 선진국에서는 최고위험관리자CRO; Chief Risk Officer를 둔 기업이 많다. 기업 내·외부의 위험 요소를 지속적으로 탐지하고, 분석하여, 예방을 위한 적절한 처방을 마련한다. 소리 소문 없이 닥치는 위기의 대응 방법과 행동강령을 사전에 준비한다. 하지만 최고경영자의 자세와 올바른 결정이 무엇보다 중요하다. 진짜 문제는 최고경영자CEO가 위험의 정체가 무엇이며 그것이 왜 위험한 지를 모를 때다. 따라서 기업의 CEO는 현장을 잘 살펴야 한다. 언제나 현장에 답이 있기 때문이다.

국가지도자들의 최우선 책무는 국민들의 안전과 생명을 지키는 일이다. 대형 사고가 발생할 때마다 우리 사회의 허술한 안전 대책과 안전 불감증을 지적한다. 또 위험 요소의 총체적인 점검과 대책 마련도 주문했다. 항상 재발방지를 위한 노력을 요구했지만 유사한 사고는 반복해서 일어났다. 이제는 정말 바뀌어야 한다. 국가의 지도자들은 반드시 현장을 제대로 파악해야 한다. 국민들의 안전의식도 높아져야 한다. 그래야 유효한 안전 시스템이 작동된다. 급선무는 국가지도자와 모든 국민이 일체가 되어 안전 사회를 구축하려는 결단을 다짐하는 일이다.

늦가을은 결단의 계절이다. 우리 모두가 자신의 삶과 이웃을 위해 할 수 있는 모든 일을 다 했는가를 물어야 할 때다. 이 계절에 어울리는

'무'라는 제목의 시조다. "단 한번 소풍 길에 제대로 발목 잡혀 / 흙 속에 발을 담고 평생을 산다 해도 / 세상과 이어진 줄기 나날이 짙푸르다." 시인은 긍정과 낙관의 삶을 결단해야 한다고 말한다. 한계 상황에서도 희망의 몸짓으로 세상을 살아야 한다고 가르친다.

토요일 새벽에 참 반가운 소식이 들려왔다. 봉화 광산에 매몰되었던 광부 2명이 구조된 것이다. 극적으로 구조된 광부들이 구조대와 어깨동무를 하고 직접 걸어서 폐갱도 밖으로 나왔다. 사고 발생 221시간 만이다. 구조대의 필사적인 노력과 모든 국민의 간절한 염원이 기적을 만들었다. 커피믹스로 허기를 달래고 암벽에서 떨어지는 물을 마시며 두 사람은 서로를 위로하며 견뎌냈다고 한다. 반드시 구조된다는 믿음과 희망, 그리고 강인한 정신력이 생존의 원동력이었다. 생환자 가족들의 감사 인사에는 오로지 '사랑'이란 단어만 여러 차례 나왔다.

5백 년 전 북인도 시인 까비르는 "한 단어를 알지 못하면 그는 아직 진정한 인간이 아니다. 그 단어는 사랑이다."라고 말했다. 헤르만 헤세도 "사랑하는 능력이 살아있는 한, 세상은 순수한 영혼의 화음을 울렸고, 언제나 좋은 세상 옳은 세상이었다."라고 했다. 우리가 겪고 있는 참담한 현실을 사랑으로 극복하고 희망으로 다시 일어서자.

(2022.11.07.)

경영의 창으로 본 세상 2

12

비즈니스 전쟁에서 승리하려면

경영자가 구성원에게 자긍심을 심어주어야 하는 이유

전쟁의 시대였던 20세기가 저물 때, 다음 세기에는 평화로운 삶을 살 수 있을 것으로 기대했다. 그러나 우리는 여전히 전쟁의 시대를 살고 있다. 21세기에 들어서 이라크, 리비아, 아프가니스탄 등에서 전쟁을 치렀다. 지난해 2월에는 러시아의 우크라이나 침공으로 우크라이나-러시아 전쟁이 발발해 현재 진행 중이다. 수많은 무고한 인명이 살상되고 무참히 파괴된 참혹한 전쟁 실상은 우리를 비통하게 했다. 그런데 급기야 이달 초 또 다른 전쟁 소식을 듣게 되었다.

지난 7일 팔레스타인의 무장 정파 하마스가 이스라엘을 침공한 것이다. 그들은 짧은 전투에서 많은 사람을 인질로 잡고 수많은 사람을 살해했다. 로켓 공습으로 시작된 공격은 지상군의 침공으로 이어졌고, 이스라엘도 바로 맞대응했다. 양측에서 수많은 사상자가 발생했고 전 세계인들은 5차 중동전쟁의 발발 가능성을 우려한다. 세계 지도자들이 전쟁의 확산을 막으려는 노력을 계속 기울이고 있으나 해결의 기미는 보이지 않는다. 양측은 상대방의 부당성을 전 세계에 알리는 홍보전을 열심히 전개하고 있다. 며칠 전 가자지구 병원에서 수백 명의 민간인 사상자를 낸 비극적 사건이 발생하자, 서로에게 책임을 떠넘기며 규탄하는 목소리를 높이고 있다.

전쟁은 늘 인류 곁에 있었고, 이것을 통제할 수 있는 시기는 아직 오지 않았다. 전쟁의 원인은 갈등과 탐욕 때문이다. 문제는 전쟁의 비극적 파급효과다. 어떤 전쟁에서도 파괴적 효과는 전쟁 당사국의 경계를 훌쩍 뛰어넘는다. 현재 진행 중인 두 전쟁도 원유나 곡물을 비롯한 자원의 수급과 가격 조절을 어렵게 하고, 현지에서의 생산활동을 멈추게 하면서, 세계 경제에 심대한 부정적 영향을 미치고 있다. 우리나라도 당장 유가 급등을 염려하고 있고, 각종 원자재 조달의 차질을 걱정하고 있다. 그러잖아도 우리 경제는 현재 고유가, 고환율, 고금리, 고물가라는 '4고高'로 인해 치열한 경제난국에 처해있다. 여기에다 막대한 국가부채도 경제 성장과 회복의 발목을 잡고 있다.

이렇듯 전쟁은 숱한 재난을 안겨주지만, 역설적으로 침체한 경제를 회복시키는 순기능도 발휘한다. 엄청난 규모의 전쟁물자의 생산과 소비로 고용이 촉진되고 경기가 회복되기도 한다. 특히 전쟁물자의 생산 거점이 되는 국가들의 경제적 이득은 막대하다. 일본은 청일전쟁부터 6·25전쟁까지 전쟁특수를 누려 경제부흥을 이루었다. 우리나라도 베트남 전쟁에서 상당한 외화를 벌어들였다. 하지만 전쟁은 전쟁 당사국은 물론이고 세계 경제를 어렵게 만든다. 지금 이 두 전쟁은 코로나19로 정체되었던 세계 경제가 도약의 기지개를 켜기도 전에 이미 심각한 타격을 안겨주고 있다.

군사 전쟁도 하나의 경영이며, 비즈니스 시장도 전장이다. 둘 다 승리라는 목표를 추구하며, 그것은 전적으로 사람에게 달려있다. 동서고금을 막론하고 최고의 병법서로 알려진 손자병법에서 강조한 말이다. 적과 아군, 경쟁자와 고객 그리고 우리 회사의 역량 등을 제대로 아는 것이 승리를 얻는 최선의 방도다. 가장 중요한 역할을 하는 사람은 리더다. 전장에서는 장군이고, 비즈니스 현장에서는 경영자다. 그래서 리더십이 승리를 결정한다.

미국 육군사관학교 생도들은 리더십의 모범으로 '위대한 장군의 10가지 조건'을 신봉한다. 리더가 지녀야 할 인격, 결정력, 낙관, 준비, 용기, 운運, 최고 지향, 믿음, 사랑, 상징과 스타일 등이다. 그들이 우러르는 마셜, 맥아더, 아이젠하워, 패튼 장군 등에서 공통으로 찾아

낸 자질들이다. 2차 세계대전을 승리로 이끈 조지 마셜 장군은 브래들리, 아이젠하워, 클라크 같은 명장들을 선택했다. 그는 "내가 한 일은 그저 승리할 수 있는 사람들을 선택한 것뿐이다."라고 말했다. 그리고 병사들에게는 철저하게 자부심을 심어주었다.

기업에서도 마찬가지다. '고객 최우선'을 표방하더라도, 부하 직원이 감동하지 않는 기업의 고객들은 절대로 감동하지 않는다. 전장과 같은 시장에서 승리하려면 먼저 직원이 진정으로 감동해야 한다. 그러려면 그들에게 자긍심을 심어주는 것이 최우선이다. 직원들이 '내가 회사의 중심'이라는 정신으로 무장하면 최선을 다하는 자세와 능력을 갖추게 된다. 또한 메시지를 명확하게 전달하는 리더의 의사 전달도 중요하다. 리더는 복잡한 문제일지라도 단순하고 명료하게 풀어내는 '아이젠하워 원칙'과 같은 의사소통 기법을 잘 활용할 수 있어야 한다. '복잡한 상황을 단순하게'라는, KISS Keep It Simple, Stupid의 철학을 실천하는 리더가 승리하는 이유다.

온 들과 산이 황금빛으로 아름답게 물드는 가을이다. 하지만 단풍이 그다지 즐겁지 못한 요즈음이다. 전쟁으로 고통 속에서 신음하는 백성들에게는 만산홍엽도 분명 핏빛으로 보이리라. 하루속히 전쟁이 끝나고, 우리 경제도 조속 회복되기를 염원한다.

(2023.10.23.)

2부

시장의 변화와 새로운 마케팅

돈을 버는 방법이든 돈을 쓰는 방법이든
한 가지만 알면 부자가 될 수 있다.
- 세네카 Lucius Annaeus Seneca

고객들과 부단히 접촉하라.
이 간단한 원칙을 저버린다면?
당신이 그리는 세상은 동떨어지게 될 것이다.
- 스티브 발머 Steve Ballmer, 마이크로소프트 CEO

경영의 창으로 본 세상 2

01

전통시장이 살아나는 법

시장 상인의 변화와 장사의 차별화가 경쟁력의 핵심

주말 오후 감삼동에 있는 서남시장에 들렀다가 시장의 활기찬 모습에 크게 놀랐다. 통칭 서남시장은 서남시장과 그 주변에 자생한 서남신시장으로 구성되어 있다. 청결한 시장 거리와 잘 정돈된 점포, 그리고 상인들의 밝은 표정에서 시장의 성공가능성과 희망을 보았다. 코로나 19 시국인데도 시장은 많은 고객들로 붐볐다. 상품의 진열이나 가격표시, 소분포장과 날짜표시, 고객응대, 친절 등 어느 하나 흠잡을 것이 없었으며 장사도 잘 되고 있었다.

서남시장과는 개인적 연고가 있다. 오래 전의 일이다. 달서구의 대표적 전통시장인 월배·서남시장을 살리기 위해 달서구청이 의뢰한 전통시장 '활성화 방안' 연구용역을 수행했다. 당시 서남시장은 공점포가 60% 이상이었고, 문을 열고 있던 점포들도 하루 평균 매출액이 10만 원에도 못 미칠 정도로 개점휴업 상태였다. 그나마 노점상들만 장사가 좀 되는 편이어서 입점상인들과의 다툼이 잦았다. 그렇게 침체되어 있던 서남시장이 이렇게 활성화된 비결이 매우 궁금했다.

지금까지 정책당국은 전통시장 활성화를 위해 구조적 측면의 지원에 집중했다. 전통시장의 열악한 시설을 현대화하거나, 특화시장으로 추진하는 등 행·재정적으로 활발한 지원을 했고 나름 성과도 있었다. 국회도 소상인들을 살린다는 명분으로 2010년부터 12년간 유통산업발전법을 제·개정하며 대형유통기관의 영업제한을 계속 강화해 왔다. 하지만 전통시장을 대형마트와 경쟁관계로 보는 이분법적 사고는 전통시장의 활성화에 효과가 없다는 것이 거의 정설이다. 유통기업들은 유통규제가 오히려 공정 경쟁을 저해한다고 주장한다. 대통령 당선인도 규제 완화를 예고했다.

이제는 새로운 관점에서 전통시장의 문제를 풀어나가야 한다. 시설이나 제도적·법적 보호 장치가 아니라 사람, 곧 '상인'에게서 해답을 찾아야 한다. 전통시장의 번영에 가장 큰 걸림돌은 바로 상인의 문제이기 때문이다. 전통시장과 상인들은 더 이상 보호 대상이 아니라 자율적 성장 주체라는 관점에서 보아야 답이 있다. 상인이 변해야 시장이 산다. 전통시장을 변화시키고 활성화시킬 수 있는 역량은 결국 상인에서 나오기 때문이다. 상인들 스스로 살아날 길을 찾아내야 하고, 정책당국은 그 길을 밝혀주고 장애물을 걷어내는 일에 집중해야 한다. 여기에 전문가들의 상담, 교육, 컨설팅 지원이 긴요하다. 당면한 문제를 시장 현장에서 맞춤식으로 해결해주는 핀 포인트pin point 방식으로 도와야 한다. 상인들에게는 구체적인 점포 운영 지식이 중요하다. 실제로 상인들은 상점 경영과 마케팅, 온라인 플랫폼을 통한 상품거래, SNS 홍보 등의 지원을 요구하고 있다.

이렇듯 전통시장의 경쟁력은 근본적으로 '상인'의 관점에서 해결책을 찾아야 한다. 수년전 삼성경제연구소는 한국과 일본의 강소상인들의 성공 사례를 토대로 'ST·R·O·NG'이란 키워드를 해답으로 제시했다. 상인정신Spirit; 절실, 성실, 목표설정Target, 고객관계Relation, 온리 원Only One, 네트워크Network와 기본충실Ground이다. 처음 두 가지(ST)는 장사의 필수 덕목이다. 고객관계(R)란 상인의 입장이 아니라 '고객의 입장'에서 보고 생각하라는 마케팅 실천이다. 가격, 용량, 품질, 입고일자, 원산지 등 고객이 원하는 정보를 반드시 알기 쉽게 제공해야 한다. 온리 원(O)은 차별화다. 다른 점포로서는 도저히 흉내 내지 못할 고객접대, 상품구색, 정보 등을 제공해서 고객에게 없어서는 안 되는 '나만의 존재'로 인정받는 것이다. 또한, 장기적이고 우호적인 고객관계를 유지하는 네트워크(N)와, 초심을 잃지 않고 장사의 기본(G)을 충실히 하는 일도 중요하다.

장사는 차별화가 가장 절실한 과제다. '다름'으로 고객의 선택을 받아야 살아남을 수 있기 때문이다. '누구와도 같지 않은 방식'으로 장사하는 것이 성공의 비결이다. 자신만의 독특한 경쟁 방식이 승리한다. 이것은 기업뿐만 아니라 전쟁에서도 증명된다. 전쟁도 하나의 경영이기 때문이다. 장사에서처럼 전쟁도 사람을 다루고, 변화에 즉시 대응하여, 승리를 목표로 한다. 보스턴대학의 역사학자 아레귄-토프트Ivan Arreguin-Toft 교수는 "지난 2세기 동안 일어난 전쟁에서 약소국이 강대국과 싸워 이긴 경우는 20%에 못 미친다. 하지만 강대국과는 다른 방식으로 자신에게 유리한 전략으로 싸운 경우는 승률이 63.6%나 되었다."라고 했다.

우크라이나 땅에서는 여전히 비극적인 전쟁이 계속되고 있다. 무고한 민간인들을 무자비하게 학살하는 러시아군의 만행이 연일 보도되면서 전 세계인들은 극심한 분노와 슬픔과 좌절감을 느끼고 있다. 그러나 다윗과 골리앗의 싸움에서와 같이, 이 전쟁에서도 결국은 '다르게 싸우는' 자가 반드시 승리할 것이다.

(2022.04.11.)

경영의 창으로 본 세상 2

02

전통시장은 어떻게 살아남는가

올바른 해법은 고객밀착과 고객 요구에 신속한 대응

오늘부터 대구지역 대형마트는 월요일에 격주휴무를 실시한다. 의무휴무일이 일요일에서 매월 월요일 둘째, 넷째로 변경됐다. 전국의 특별시·광역시 가운데 처음이다. 찬성과 반대의 목소리가 동시에 나오는 가운데 대구가 과감히 스타트를 끊었다. 시민단체의 비판에 이어 대형마트 노조원들이 반대하고, 전국소상공인연합회와 서문시장 상가연합회에서도 반발한다. 대구시장은 강요와 직권남용, 권리행사 방해, 업무방해 등의 혐의로 검찰에 고발된 상태다. 우리 고장이 마치 실험의 대상이 된 듯하다.

대형마트 의무휴업일의 평일 전환은 뜨거운 감자다. 찬반 여론이 워낙 첨예하게 대립하기 때문이다. 의무휴업일 제도는 2012년 유통산업발전법 개정으로 신설되었다. 대형마트는 자정부터 오전 10시까지 영업할 수 없고 월 2회 강제 휴무했다. 10년 이상 규제가 유지되면서 대형마트는 제도의 폐지와 개선을 끊임없이 요구해왔다. 소비자의 선택권을 제한하고 영업권을 과다하게 침해한다는 이유다. 반면 소상공인과 노동자 및 시민단체들은 규제 해제를 강하게 반대한다. 대형마트의 일요일 휴점은 전통시장과 골목상권의 상인들을 보호하는 최후의 보루라는 것이다. 근로자의 건강과 휴식권을 위해서도 반드시 필요하다고 주장한다.

유통시장의 주도권은 이미 온라인 쇼핑과 대형 식자재마트, 중형 슈퍼마켓과 편의점으로 넘어갔다. 대형마트는 온라인에 매출을 빼앗기고, 중형 슈퍼마켓과 식자재 마트가 전통시장과 골목상권을 누르고 급성장했다. 대형마트와 중소상인들 모두가 침체일로를 겪고 있다. 그래서 대형마트 규제가 전통시장의 활성화와 골목상권의 보호에 큰 도움을 주지 못하고 오히려 소비자의 불만만 키웠다는 주장이 나온다. 의무휴무일의 평일 변경은 "달라진 쇼핑문화와 소비행태에 적극적으로 대응해 대·중소유통업체 간 상생발전을 꾀하고, 시민의 쇼핑 편익에 큰 도움을 줄 것"이라고 한 대구시장의 말도 설득력이 있어 보인다.

규제의 변경 자체는 그다지 심각한 문제가 아니다. 당사자들의 입장에 따라 이해득실에 대한 전혀 다른 해석이 가능하기 때문이다. 문제의 핵심은 정책당국이 전통시장을 보는 시각이다. 시장의 주체인 상인들은 누구며, 고객은 왜 전통시장을 이용하며, 장사는 어떻게 하고, 우리 경제에 어떤 역할을 하고 있는지를 제대로 파악하는 것이 관건이다. 전통시장의 존재 방식과 존재 이유를 알아야 대형마트와의 상생 방안도 나온다. 그런데도 여태껏 각종 규제로 보호하고, 시설을 현대화하고, 선진 장사기술과 최신 경영지식을 전수해야 한다는 주장만 되풀이 해 왔다.

뜬구름 잡는 소리다. 생계형 영세 상인들이 대다수를 차지하는 전통시장과 골목상권이 대형마트에 버금가는 현대적 시설과 최신 경영능력을 갖추는 것은 거의 불가능하다. 더구나 무기한 규제와 지원으로 그들을 무작정 보호할 수도 없다. 정부가 무한정 지원할 여력도 없다. 설령 가능하더라도 이것들이 결코 경쟁력을 보장해주지는 않는다. 경쟁력을 갖춘 상인으로 거듭나야만 살아날 수 있다. 전통시장과 골목시장의 미래와 희망은 전적으로 상인들의 의지와 노력에 달려 있다.

전통시장의 상인들은 대형마트나 여타 업태와 확연히 구별되는 장사 철학과 점포경영 방식을 추구해야 한다. 장사의 차별화다. 다른 업태가 감히 넘볼 수 없는 자신만의 '다름'을 구현해야 한다. 장사는 역시 상인이라는 '사람'이 고객이라는 '사람'과 밀접하게 소통하는 것이다. 그래서 '고객의 눈'으로 보고 '고객의 마음'으로 고객에게 진심으로 다가가는 것이 중요하다. 고객을 단지 '물건을 사는 사람'이 아니라 '삶의 동반자인 사람'으로 여겨야 한다. 강소상인들은 고객을 가장 잘 알고, 고객이 진정 바라는 가치를 잘 충족시키는 사람들이다. 그들은 고객과 밀착하고 고객가치에 집착한다.

'작은 것이 아름답다'라는 말처럼, 고객밀착은 중소상인들이 가장 잘 할 수 있다. 고객의 변화하는 요구를 재빠르게 반영해서, 고객이 가장 필요로 하는 상품을 고객이 가장 편리한 방식으로 제공하는 것이 장사다. '사람'인 고객에게 집중하고 고객이 원하는 가치에 집착한다면 왜 단골고객, 충성고객이 되지 않겠는가. 장사의 기본인 '진정성'과 '다름'으로 고객이 원하는 가치를 지속적으로 제공한다면 사업의 규모나 시설, 장사의 기술과 경영지식 등은 그다지 문제가 될 수 없다.

상인이 변해야 시장이 바뀐다. 규제는 전통시장의 보호막이 될 수도 있겠지만, 실상은 독이 될지도 모른다. 소비자의 동정심이나 행·재정 지원에 기대는 것은 장사가 아니다. '서민갑부'처럼 중소상인은 자신의 존재 이유를 고객들에게 당당하게 증명할 수 있어야 한다. 시장터에서 정당하게 싸워서 이겨내는 것이 최고가 되는 지름길이다. 그리고 대형마트도 전통시장의 사업영역을 존중하고 상생의 사업방식을 견지해야 한다. 이것이 진정한 유통민주화다.

(2023.02.13.)

03

서문시장이 진짜 '큰장'이 되려면

상도의 실천이 선결 요인

올해, 우리 고장의 큰 자랑인 서문시장이 지금의 자리에 터를 잡은 지 100년을 맞았다. 그리고 이달 초하루, '큰장, 또 다른 백년을 열다'를 주제로 서문시장 100주년 기념식이 열렸다. 행사에 참석한 윤석열 대통령은 "100년 역사의 서문시장은 우리의 문화유산"이라며, "서문시장이 복합문화공간으로 발전할 수 있도록 정부 지원을 아끼지 않겠다."고 약속했다. 시장 상인은 물론이고 시민들의 기대가 크다.

지금의 장소 이전으로 거슬러 올라가면 서문시장은 무려 400여년 역사를 자랑한다. 1960년대까지 만해도 서문시장은 우리나라 3대시장으로 명성을 떨쳤다. 하지만 1970년대 고속도로의 개통으로 전국 최대 규모의 섬유 도매시장의 기능이 크게 축소되면서 쇠락의 길을 걸어왔다. 더구나 무려 17차례에 걸친 화마로 시장의 기능이 크게 위축되었다. 특히 세 차례의 대형 화재의 여파는 아직도 그 상흔이 회복되지 않고 있다.

이러한 시련 가운데서도 시장 상인들의 불굴의 회생 노력과 중구청을 비롯한 지자체의 적극적인 행·재정 지원으로 서문시장은 대구 최고의 관광명소 가운데 하나로 자리 잡았다. 2017년 '한국관광의 별'에 이름을 올렸고, 2019년부터 올해까지 3번 연속 '한국관광 100선'에 선정되었다. 특히 2016년에 '서문시장 야시장'이 개장되면서 2020년에는 '야간관광 100선'에 소개되기도 했다. 가히 전국적 관광지가 된 셈이다. 이는 서문시장이 명품시장의 반열에 들었다는 착시현상을 불러오는데, 현실의 사정은 그렇지 못하다. 시장 활성화는 아직도 부진하고, 예전의 명성을 되찾기란 여전히 요원하다.

서문시장의 어려움은 태생적인 문제점들을 여전히 해결하지 못한 탓이다. 우선, 고객들의 활발한 쇼핑을 위한 제반 여건이 좋지 않아 상거래의 발목을 잡고 있다. 교통여건, 주차장, 편의 시설 등 각종 인프라가 미흡하여 고객을 끌어들이기가 어렵다는 것이다. 서문시장 상인연합회는 경쟁력을 높이기 위해서 무엇보다 편의시설을 늘려야 한다고 강조한다. 고객쉼터, 어린이 놀이터, 공연 공간 등 시설이 절대적으로 부족하다는 것이다. 특히 지하주차장이 확보되어야 고객들의 접근가능성이 높아질 것이라고 보고 있다.

시장의 경쟁력을 높이려면 당연히 시설을 비롯한 눈에 보이는 여러 장치들을 잘 갖추어야 한다. 하지만 정말 중요한 것이 빠져 있다. 대형마트나 다른 유통기관들과 유사한 수준의 시설을 갖추게 되면 전통시장의 경쟁력이 높아질 것이라는 가정은 매우 잘못된 판단이다. 비단 서문시장 뿐만 아니라 전통시장에서 상품을 구매하는 고객들은 시장 특유의 재미와 즐거움 그리고 쇼핑 문화를 높게 평가한다. 시장 상인들의 친절함, 부지런함, 인간미와 정情과 같은 시장 상인의 정성스러운 모습에 매료되어 전통시장을 찾는 것이다.

그러므로 시장 경쟁력의 핵심은 시장 상인들이 추구하는 장사의 가치다. 어떤 가치를 고객들에게 제공할 것인가, 그리고 어떤 평가를 받는 전통시장이 될 것인가에 대한 시장 상인들의 공감대가 최우선이다. 장사란 고객이라는 사람을 상대로 상인이라는 사람이 한다. 결국 상인들이 고객들에게 어떤 가치를 어떻게 제공하며 어떤 이야기를 들려주는가가 장사의 관건이다. 또한 시장의 평가는 시장 상인들이 지키는 상도商道로 결정된다. 따라서 시장 상인에게 가장 필요한 것은 고객중심철학이고 장사를 소명召命으로 여기는 철저한 직업정신이다. 그것이 바로 고객 신뢰와 고객 감동의 원천이기 때문이다.

시장은 상품이 유통되는 장소 이상의 의미를 지닌다. 시장은 다양한 삶의 이야기가 오고가는, 생기 넘치는 장소다. 사람과 사람이 만나면서 문화가 교류되고 형성되는 역사의 장場이다. 우리 고장 사람들은 특히 서문시장을 귀중한 역사·문화자산으로 여긴다. 국채보상운동의 시작을 알리는 군민대회와 독립만세운동 등 소중한 역사적 사건들이 이곳에서 일어났기 때문이다. 4,600여 개의 점포가 있는 서문시장은 규모도 크지만, 역사적 의미는 더욱 크다. 그래서 서문시장의 또 다른 이름은 '큰장'이다. 이름에 걸 맞는 품격, 그리고 신뢰와 정직을 바탕으로 전통시장의 모본이 되어야 한다.

윤 대통령은 서문시장이 복합문화공간으로 발전할 것을 주문했다. 서문시장상가연합회장은 쇼핑과 관광이 함께 어우러지는 복합생활문화공간으로 재도약하기를 바라고 있다. 모두가 '문화'를 강조한다. 옳은 방향이다. 그런데 서문시장의 문화는 과연 어떤 것이며, 무엇이 되어야 하나. 이에 대한 명확한 답에 '큰장' 서문시장의 재도약과 미래가 있다. 서문시장의 장래는 시설의 현대화보다 서문시장만의 독특한 문화에 달려있다. 새롭고 분명한 문화가 정립될 때 서문시장의 미래는 밝다. 그것은 시장 상인들이 공유하는 장사의 가치다.

새로운 100년을 준비하는 '큰장'의 새 모습을 기대한다.

(2023.04.10.)

경영의 창으로 본 세상 2

04

도시도 브랜드다

도시브랜딩은 도시문화의 변화를 추구하는 작업

고공 행진하던 소비자 물가가 한풀 꺾였다. 모처럼만에 반가운 소식이다. 통계청이 발표한 지난달 소비자물가지수는 전년 동월 대비 3.3% 상승했다. 2021년 10월 이후 최저 상승률이다. 서비스 물가도 3%대로 내렸다. 변동성이 큰 품목을 제외한 근원 물가도 안정세에 접어들었다는 평가다. 하지만 우리는 여전히 고물가시대를 살아가고 있다.

소비자 물가가 높았던 지난 1분기에도 다행히 유통업체의 매출은 크게 늘어났다. 특히 가격경쟁력을 갖춘 대형 유통업체의 자체 브랜드

PB 상품의 매출이 대폭 증가했다. 대형마트 3사인 홈플러스, 이마트, 롯데마트는 자신들의 PB에 힘을 쏟으며 소비자들의 발길을 붙잡기 위해 애써 왔다. 또한 GS25와 CU등이 주도하는 편의점과 쿠팡과 마켓컬리 등 이커머스 업체의 PB 상품도 인기를 끌면서 판매가 크게 성장하고 있다.

이마트의 주력 PB인 '노브랜드'와 홈플러스의 '홈플러스 시그니처'가 꾸준한 매출 신장세를 이어가고 있다. 롯데마트는 지난 3월 마스터 PB인 '오늘좋은'을 론칭했고, 트렌드를 입힌 차별화된 PB 상품으로 매출을 크게 높여 나가고 있다. 이처럼 주요 유통업체들은 PB 상품의 차별화 및 품질을 높이는 전략으로 소비자의 니즈를 사로잡고 있다. 그 결과 PB 상품은 '가성비와 가심비價心比를 동시에 충족하는 상품'이라는 인식으로 소비자의 수요가 점점 높아져서 향후 PB 시장은 더욱 확대될 전망이다.

업계에서는 PB 상품의 개발력이 유통업체의 새로운 돌파구가 될 것이라고 보고 있다. 그 결과 유통업체는 가성비뿐만 아니라 품질과 트렌드에 집중한 PB 상품을 점점 늘려갈 것이라고 한다. 따라서 PB 상품으로 차별성과 정체성은 물론이고 유통의 주도권을 확보하려는 전략이 빛을 발휘하는 시대가 된 듯하다. 이처럼 대다수 유통업체가 PB 상품을 크게 확대하면서 PB 시장에서의 치열한 브랜드 경쟁을 예고하고 있다.

소비자의 제품 판단에 미치는 브랜드의 위력은 실로 대단하다. 훌륭한 브랜드는 불황이나 역경을 이겨내고, 미래시장을 여는 힘이 크다. 특히 강한 브랜드가 만들어내는 고객확장력은 치열한 경쟁시장에서 중요한 역량이 된다. 따라서 브랜드 전략은 상품이나 서비스 마케팅의 핵심으로 여겨지고 있다. 지금은 기업뿐만 아니라 여러 유형의 조직들, 스포츠와 예능, 나아가 도시와 기관, 심지어 개인까지도 브랜딩에 사활을 건다. 이처럼 모든 것이 브랜드화 되면서 바야흐로 브랜드 만능시대가 열렸다.

도시도 도시 브랜드를 철저히 관리해야 경쟁력이 있다. 도시 브랜드가 도시의 호감도와 매력은 물론이고 도시의 경쟁력과 가치를 높이는 도시 발전의 핵심 엔진으로 인식되기 때문이다. 나아가 강하고 친근한 도시 브랜드는 도시의 이미지와 명성까지도 높여준다. '아이러브 뉴욕I♥NY'으로 각인된 미국 뉴욕시 브랜드나 '역사가 작품이 되는 도시'로 브랜딩된 영국 스코틀랜드 수도 에든버러는 도시 브랜딩의 대표적인 성공 사례다.

도시 브랜딩은 도시 문화의 변화를 추구하는 작업이다. 잘 정립된 도시 브랜드는 주민에게 자부심과 행복감을 안겨주고, 그 도시를 방문하는 사람들에게도 특별한 인상과 만족감을 주어서 도시의 경쟁력을 높인다. 오래전부터 부산은 '국제문화관광도시'로 브랜딩해 왔다. 지금은 나라 전체가 '2030 엑스포'의 부산 유치를 위해 심혈을 기울이고 있다. 수년전 《뉴욕타임즈》는 부산을 2017년에 꼭 가봐야 할 52개 장소 중 하나로 추천했다. 도시 여행, 소도시 여행, 골목길 여행, 테마 여행을 모두 경험해 볼 수 있어 도시 여행지로서의 매력을 지녔다는 것이 선정 이유다.

최근 박형준 부산시장은 '엑스포'가 개최되려면 개방성, 다양성, 그리고 높은 수준의 도시여야 하며, 부산이 '가스트로노미Gastronomie 도시' 즉, '미식문화도시'라는 평판을 얻어야 한다고 강조했다. 그래서 '부산음식세계화프로젝트'를 본격적으로 시작할 것이라고 발표했다. '세계 스마트 도시평가 19위 달성', '내셔널지오그래픽 트래블러 선정 여행지' 등 '엑스포' 유치 과정에서 부산의 도시 브랜드 수준은 매우 높아졌다. 여기다가 '미식도시'라는 이미지를 더해서 시너지 효과를 내려고 한다. 부산의 경쟁력을 도시 브랜드와 문화에서 찾으려는 것이다.

대구의 도시 브랜드는 무엇인가. 지난해 7월 시정 슬로건으로 등장한 '파워풀 대구'의 정체성은 모호하다. '자유와 활력이 넘치는' 도시라는 설명에도 불구하고 브랜드가 나타내려는 대구의 참모습이 불분명하다. 대구를 '대구답게' 브랜딩하려면 대구의 매력과 개선점, 강·약점을 구체적으로 정의해야 한다. 브랜드에 대한 시민들의 공감과 이해도 절실하다. 대구의 도시 브랜드의 가치를 높이려면 반드시 시민들의 노력과 지혜를 모아야 한다. 도시 브랜드가 도시 경쟁력으로 이어지는 필수 요건들이다. (2023.06.05.)

경영의 창으로 본 세상 2

05

동성로는 동성로다워야 살아난다

브랜드 정체성이 상권의 가치와 활성화의 원동력

대구의 중심인 동성로의 명예회복을 위해 대구시가 발 벗고 나섰다. 이달 14일 홍준표 시장은 동성로 현장을 둘러본 뒤 "동성로 상권이 살아나야 대구 전체가 산다."며 동성로를 리모델링해 상권을 부활시키겠다고 약속했다. 대구시는 동성로 활성화 대책을 통해 서울의 홍대거리와 같은 젊음의 거리로 만들겠다며 종합적인 계획을 세운다고 한다. 홍 시장은 "젊은이들이 문화 공연을 즐기고 먹거리도 풍부한 새로운 공간으로 조성하겠다."고 말했다.

동성로 거리가 활기를 되찾기 위해서는 관광특구로 지정하는 일을 가장 시급히 추진해야한다고 모두가 입을 모은다. 그래야 도로와 주차장을 확충하고, 조형물이나 시설의 개선이 이루어질 수 있다는 것이다. 또한 개성 있는 콘텐츠 매장을 개발하고, 야시장이나 벼룩시장을 개설하거나 공연 및 이벤트를 열어야 상권이 활성화될 거라는 주장도 있다. 상인회장은 젊은 층의 취향을 반영하여 볼거리·즐길 거리가 있는 콘텐츠 중심의 장소로 변신해야 한다고 강조한다. 한편, 주거시설을 확대해 고정 인구와 유동인구를 동시에 늘려야 한다는 의견도 있다.

동성로는 1960년대부터 대구의 명동으로 불리며 젊은이들이 몰리는 거리이자 외지 관광객들의 필수 쇼핑관광코스였다. 40여년 이상 명실 공히 대구의 1등 상권이었다. 하지만 2010년 이후 부도심의 새로운 상권 형성과 유통구조의 변화 등으로 쇠퇴를 거듭했다. 특히, 2020년 집단 발병한 코로나19로 심각한 위기를 맞았다. 지난해에는 소규모 상가 공실률이 14.8%로 급증하여 전국 평균(6.9%)은 물론이고 대구 평균(8.2%)을 훨씬 앞섰다. 이처럼 동성로 상권의 침체는 어제 오늘의 일이 아니다.

다양한 회생방안을 말하지만 동성로 상권의 활성화는 장소브랜딩 개념으로 접근해야 한다. 동성로라는 장소의 정체성을 무엇으로 규정하며, 차별적인 가치와 비전을 어떻게 제시할 것인가가 최우선 과제다. 서울의 홍대거리가 경쟁력이 있다고 해서 무작정 모방할 수도 없다.

골목 경제학자를 자처하는 연세대 모종린 교수는 저서 『골목길 자본론』에서 홍대와 주변거리를 독특한 하나의 산업단지로 본다. 그곳은 관광, 음악, 연예, 문화예술, 디자인, 출판, 영상, IT 등 여러 비즈니스가 상생하면서 새로운 비즈니스를 만들어 내고 생산, 주거, 오락 활동이 일어나는 고유한 장소라는 것이다. 홍대거리는 오랜 세월 동안 그들만의 문화를 형성해 왔고, 그들만의 독특한 브랜드가 결코 쉽게 이루어진 것이 아니다.

무엇보다도 동성로는 동성로다워야 한다. 브랜드 정체성을 확실히 구축해야 하는 것이 최우선이다. 그것은 '우리는 누구인가'를 명확히 하는 일이다. 또한 꿈에 그리는 고객이 어떤 사람인지를 결정해야 한다. 어떤 취향을 지닌 고객을 끌어들여야 하는 지를 깊이 고민하는 것이 중요하다. 그리고 동성로 고객의 취향에 적합한 거리로 거듭나야 한다. 그러려면 고객들에게 독특하고 매력적인 이미지로 자리매김해야 한다. 동시에 그들에게 진정성 있는 고객경험을 제공해야 성공할 수 있다. 동성로를 상징하는 조형물이나 시설도 중요하지만 그것 역시 고객 취향을 반영하는 것이라야 한다.

이처럼 동성로의 브랜드 정체성이 분명하게 인식되고 그것이 문화로 정착될 때 차별적 경쟁력을 기대할 수 있다. 그리고 브랜드는 당연히 그곳의 상인들이 스스로 고민하며 만들어 가야하는 작업이다. 동성로 브랜드에는 장소가 상징하고 지향하는 고유의 특성과 그곳에서 활동하는 상인들과 거주자들이 공유하는 이념과 가치가 반영되어야 한다. 그래야 상인들에게는 장사하기 좋고, 거주하는 사람들은 편하게 살 수 있고, 고객들에게는 방문하고 싶은 곳이 된다. 결국 고객들이 바라는 매력을 제공할 때 동성로는 새로운 활력을 얻게 될 것이다. 나아가 적절한 브랜드 마케팅 전략을 마련하고 적극 실천해나가야 동성로의 미래가 있다.

동성로 상권의 가치와 이미지는 어떻게 자리매김 될 수 있을까. 어떤 매력으로 고객에게 다가가야 활성화를 이룰 수 있을까. 올바르고 확실한 해답은 없다. 단기간에 성과를 이룰 수 있는 묘안도 찾기 쉽지 않다. 하지만 무엇보다 브랜드 정체성을 확립하는 것이 동성로 부활의 관건이다. 그것은 '동성로다움'이다. 상인회와 대구시 그리고 중구청이 머리를 맞대고 동성로의 정체성을 실현하는 방안을 찾아 뚝심 있게 추진해 나가야 한다. 더불어 상인들 모두가 회생의 신념과 고객가치를 철저히 실천해야 동성로는 젊음의 거리로 재탄생할 수 있다.

"단지 돈을 벌려고 무언가를 할 수는 없다. 내가 믿는 신념을 위해 무언가를 해야 한다. 그러면 결국 돈을 얻게 될 것이다." 프라다의 3대 회장 미우치아 프라다의 말이다. 쓰러져 가던 프라다를 회생시키기 위해 그녀가 몸부림친 것은 프라다의 정체성을 자유정신으로 무장한 일이다. 동성로 상인들에게 절실한 교훈처럼 여겨진다.

(2023.04.24.)

경영의 창으로 본 세상 2

06

'동성로 르네상스'는 문화 혁신이 핵심이다

혁신적인 문화의 장착이 동성로 부활의 결정 요인

모처럼 반가운 소식이다. 지난 6일, 대구시가 내년까지 4성로동서남북 일대를 글로벌 쇼핑 관광지로 브랜딩 하겠다고 밝혔다. 대구 도심을 획기적으로 변화시킬 이른바 '동성로 르네상스 프로젝트'를 제안했다. 관광특구 지정, 청년문화 부흥, 골목경제와 상권 활성화, 도심공간구조 개편 등 4개 분야에서 13개 사업을 추진할 것이라고 한다. 대구의 중심인 동성로의 명예를 회복하고 침체된 도심의 활력을 되찾기 위해 동성로를 뉴욕의 맨해튼 타임스퀘어 같이 밤이 화려한 거리로 바꾼다고 한다. 홍준표 대구시장은 "도심 상권 특유의 볼거리, 놀거리, 즐길거리를 제공하는 새로운 공간으로 재편해 동성로를 중심으로 도심을 되살릴 수 있도록 하겠다."고 말했다. 활기찬 모습으로 확 바뀌게 될 동성로 상권을 기대한다.

그러나 기대가 현실이 되려면 장사의 주체인 동성로 상인들의 내면적 변화가 반드시 있어야 한다. 예산을 투입하여 만드는 가시적인 하드웨어나 물리적 여건 변화도 매우 중요하다. 하지만 무엇보다도 상인정신의 변화, 곧 휴먼웨어의 변화가 필수다. '동성로다운 문화'를 정착시켜 장사에 적용해야 한다. 지금까지의 장사철학과 장사방식을 뛰어넘는 새로운 가치관을 재정립하고 실행하는 일이다. 이렇듯 동성로 상권은 새롭고 바람직한 문화로 무장해야만 되살아난다. 그리고 상인들은 고객가치를 제대로 확인하고 고객만족을 철저히 실천해야 한다.

동성로 상권의 활성화는 '장소브랜딩' 개념으로 접근해야 한다. 고객들이 동성로를 바람직한 비즈니스 공간으로 인식하도록 하는 것이 최우선이다. '동성로는 과연 무엇을 지향하는가'를 소비자들이 명확히 인식하고 선호하도록 브랜딩 하는 것이 답이다. 그것은 동성로만의 독자적인 문화를 재창조할 때 가능하다. 결국, 동성로 상권이 동성로의 '새 문화'로 온전히 녹여질 때 비로소 동성로 상권은 경쟁력을 회복할 수 있다. 그 결과 동성로 상권의 과거 영광도 재현될 수 있다.

동성로의 '새 문화'는 과거 문화로의 회귀가 아니다. 과거와는 전혀 다른 내용과 방향성을 지닌 혁신적인 문화라야 한다. 14~16 세기의 르네상스가 무엇인가. 개성과 합리성, 그리고 시대적 욕구를 반영한 문화 혁신 운동이 아닌가. 따라서 '동성로 르네상스'는 다른 상권의 문화나 동성로의 과거 문화와는 확연히 구별되는 혁신적인 문화로 거듭나야 가능하다. 문화 혁신은 혁신의 주체인 상인들이 주도하여서 그들이 공유하는 태도, 신념, 가치 등의 변화를 바람직한 방향으로 새롭게 만들어 가는 작업이다.

왜 문화가 이토록 중요한가. 문화는 개인, 기업, 국가의 번영을 결정짓는 핵심 요소이기 때문이다. 모든 집단과 사회는 공유된 가치인 문화 속에 흥망성쇠의 답이 있다. 미시간대학교의 로널드 잉글하트는 문화적 가치와 정치·경제적 성취도 사이에는 밀접한 관계가 있다고 주장했다. 기업에서도 문화는 모든 전략과 조직구조에 우선한다. 1980년대 초에 발표된 『초우량기업의 조건』에서 피터스와 워터만은 기업 성공의 모형인 '7S 구조도'의 중심에 '공유된 가치관', 즉 조직문화를 제시했다. 가치를 공유하면 동료와 고객의 기대와 요구에 부응하는 방향으로 행동할 수 있다는 것이다. 상대에게 무엇을 기대해야 하는가를 알기에 사이좋게 협력할 수도 있다. 심지어 경쟁마저 평화롭게 할 수 있다. 이처럼 가치가 공유되면 어떤 태도로, 무엇에 집중하며, 어떻게 네트워크를 형성해서 연대를 이룰 것인지를 알게 된다.

문화는 조직의 번영을 이루는 원동력이다. 따라서 조직에 바람직한 문화가 없다면 그 조직은 더 이상 무의미하다. '동성로 르네상스'를 지향하는 동성로 상권도 마찬가지다. 당연히 상권의 성패는 하드웨어적 여건 변화가 아니라, 동성로가 추구하고 실현하려는 문화적 정체성과 탁월성이 좌우한다. 그러므로 동성로 상인들의 공유된 가치관을 기반으로 그들이 제안하는 차별화된 고객가치를 최대한 성실하고 정직하게 실천해야 동성로 상권의 미래가 있다. 그것이 '동성로 르네상스'에 대한 올바른 이해이며, 동성로가 번영할 수 있는 기본 전제다.

단언컨대, 동성로 상권의 부활은 정부나 지자체 등 외부기관의 지원이 아니라 바로 상인들의 창의성과 자율성, 열정과 협동, 그리고 성취를 위한 강인한 노력에 달려 있다. 상인들의 혁신적인 문화가 동성로의 부활을 결정한다. 따라서 상인들 스스로 바람직한 문화와 장사 전략을 자발적이고 주도적으로 만들어 나가야 한다. 정부나 지자체는 이 일을 적극 지원해야 한다. 자신들의 존재 이유와 가치를 타인이 결정하게 하거나 외부 유력자들의 보호에 의존하는 것은 동성로의 미래에 치명타가 될 뿐이다. 동성로 상인들이 어떤 경우에라도 반드시 지켜나가야 할 가치는 과연 무엇이 되어야 할까?

(2023.07.17.)

07

라면 값은 누가 정하는가

가격보다는 가치

"밀 가격이 내린 만큼 라면 값도 내려야 한다. 소비자가 압력을 행사하면 좋겠다."라고 한 경제부총리의 발언에 이어서 국무총리도 "객관적으로 제품 가격이 높은 것에 대해선 공정거래위원회가 담합 가능성을 들여다보고 유통구조도 면밀히 살펴라."고 거들었다. 정부의 과도한 시장 개입이란 비판에도 불구하고 정부 책임자들은 물가 안정이란 대의를 앞세워서 라면과 제과 업계의 가격 인하를 요구했다.

지난 27일 국내 라면 시장점유율 1위 농심이 봉지 당 50원을 내린데 이어, 삼양식품과 오뚜기, 롯데웰푸드, 해태제과, SPC 등이 잇달아

가격 인하에 동참할 예정이다. 밀을 주재료로 쓰는 다른 식품들도 소매가격을 조정할 것이라고 한다. 하지만 소비자단체협의회는 가격 인하폭이 낮고 특히 인기 제품들은 가격 인하에서 제외되었다고 지적한다. 결국 가격 인하 조치로 소비자들에게 돌아가는 혜택이나 우리 경제에 미치는 효과는 미지수로 남는다.

우리 경제가 하반기에는 회복될 것인가 아니면 침체에 빠지게 될 것인지가 궁금하다. 무엇보다 '소비심리'가 최대 관건이다. 다행히 하반기 경제가 나아질 것이라고 생각하는 소비자가 늘면서 소비심리가 되살아나고 있다고 한다. 지난달 28일 한국은행이 발표한 6월 소비자심리지수CCSI가 100.7을 기록해 지난해 5월 이후 13개월 만에 100이상을 기록했다. 경기회복에 대한 기대치가 커지고 있다는 것이다. 그러나 코로나19 거리두기 종료로 경기가 조속히 회복될 것이라는 기대에 반해, 바닥 경기는 여전히 차갑다.

소비는 수출과 함께 우리 경제를 이끄는 핵심 동력이다. 한국무역협회는 하반기에는 무역상황이 서서히 개선될 것이라고 전망했다. 그래서 기대한대로 소비심리가 살아난다면 우리 경제가 하반기에는 회복할 수 있을 것이라는 긍정적 전망이 나온다. 그런데 실제 소비는 소비심리 외에도 가계소득, 고용상황 등 여러 경제 변수들이 뒷받침되어야 한다. 특히 정부는 물가 안정이 실제 소비를 견인하는 가장 중요한 요인이라고 보고 있다. 라면 값의 인하를 대놓고 요청하는 이유다.

내수시장의 회복이 시급한 상황에서 밀 제품의 가격에 정부가 직접 개입한 것이 한편으로는 이해가 되기도 한다. 하지만 시장의 가격 질서를 정부가 앞장서서 바로잡겠다는 발상은 여전히 논란거리다. 기업 활동을 과도하게 압박하고 위축시키는 측면이 있기 때문이다. 사기업에 대한 자율성 훼손이자 기업경쟁력을 저해하는 결과로 이어질 수도 있다. 그래서 정부가 민간 기업의 가격에 직접 개입하면 정부 주도의 가격 담합이 될 수도 있다는 지적이 나온다. 정부의 직접 개입은 어쩌면 가격 질서를 흩트리게 될지도 모른다.

시장의 가격은 당연히 기업과 소비자가 결정한다. 정부는 공정한 거래촉진과 가격담합을 밝히기 위한 모니터링을 충실히 수행해야 한다. 공정거래위원회는 물가 당국이 아니며 더구나 개별 기업의 활동을 압박하는 역할을 담당하는 기관도 아니다. 왜곡된 시장 질서를 바로잡아 자본주의 시장경제가 유지 · 발전되도록 지원하는 것이 본연의 임무다. 예컨대, 턱없이 비싼 값을 뒤집어씌우는 '바가지' 요금으로 소비자를 우롱하는 잘못된 거래 관행은 정부가 나서서 철저히 바로잡아야 한다.

기업은 가격을 책정할 때 반드시 고객가치를 가장 먼저 생각해야 한다. '장사의 신'으로 통하는 일본 요식업계의 전설, 우노 다카시는 "손님이 횡재했다는 느낌이 들게 해야 살아남는다."라고 했다. 더 좋은 제품을 더 좋은 가격에 제공하는 것이 가장 훌륭한 마케팅이다. '이 가격에 살거예요?'라는 질문에 '아니요'라고 대답하면 그것은 터무니없이 비싼 가격이다. 고객이 기꺼이 지불하려는 가격이 고객이 평가한 제품의 최대 가치다. 그러므로 기업이 수익보다 고객가치를 먼저 생각하면 돈은 저절로 따라온다.

고객가치는 고객이 판단한다. 신라면을 좋아하는 고객도 있고 삼양라면을 선호하는 이들도 있다. 두 라면의 가치는 단순히 가격만으로 결정되지 않는다. 고객들은 가격 외에도 기업이 제공하는 여러 혜택에 가치를 부여한다. 그리고 가치의 최종적인 판단은 오로지 고객의 몫이다. 따라서 기업은 고객이 지불하는 금전적 · 비금전적 비용보다 더 큰 가치를 창조하고 고객이 원하는 방식으로 제공해야 한다. 그것이 마케팅이다. 그래서 마케팅은 고객가치학이다.

고객가치는 기업의 생명줄이고, 기업경쟁력의 원천은 고객가치를 실현하는 고객사랑이다. 쉘 실버스타인이 쓴 『아낌없이 주는 나무』에서 고객사랑의 정신을 배운다. 어린아이의 친구였던 나무가 그 어린이가 노인이 될 때까지 자신의 모든 것을 다 내준다는 동화다. '이만하면 줄 만큼 다 준 것이겠지'가 아니라 '자기가 가진 모든 것을 아낌없이 내준' 나무 이야기다. 그 책의 마지막 줄은 '그래서 나무는 행복했습니다'였다. 진정한 마케터는 이 나무와 같은 사람이 아닐까.

(2023.07.03.)

경영의 창으로 본 세상 2

08

소비자는 속이는 저울에 분노한다

고객을 속여서는 안 되는 이유

물가 오름세가 여전한 가운데 정책당국이 연말 물가 잡기에 총력을 기울이고 있다. 지난달 말, 기획재정부는 제3차 물가관계차관회의를 개최하고 최근 물가 현안들에 대해 논의하면서 물가 안정을 위해 농산물 온라인 도매시장을 출범하는 등 유통구조를 개선하기로 했다. 더불어서 '슈링크플레이션' 대응 방안의 마련에도 속도를 내기로 했다.

기업이 소비자에게 비용을 전가하는 '슈링크플레이션Shrink+Inflation'이 우회적 가격 인상 수단으로 등장했다. 영국의 경제학자인 피파 맘그렌이 고안한 이 용어는 '줄어들다'라는 뜻의 '슈링크Shrink'와 전반적 · 지속적으로 물가가 상승하는 현상을 뜻하는 '인플레이션Inflation'의 합성어다. '패키지 다운사이징'으로도 불린다. 가격을 인상하는 대신 제품의 크기나 중량을 줄이거나 품질을 낮추어서 가격 인상과 같은 효과를 누리려는 것이다. 이것은 한마디로 소비자를 속이는 상술이며, 그 결과는 숨겨진 인플레이션이다. 이러한 속임수는 가뜩이나 고물가로 힘겹게 살아가는 사람들의 팍팍한 살림에 피곤함과 실망감을 부채질하면서 허탈감마저 느끼게 한다.

슈링크플레이션은 식품업계에서는 이미 만연한 현상으로 특히 소비 여력이 부족한 청년들과 가격에 민감한 서민들에게 부정적 반응을 일으키고 있다. 선량한 소비자를 속이는 비윤리적 상행위로 지탄받고, 몰래 꼼수를 쓴 기업의 이미지는 나빠진다. 소비자단체는 물론이고 정부가 이러한 잘못된 관행을 근절하기 위한 제도적 장치를 마련해야 한다는 목소리가 크다. 하지만 정부의 과도한 개입은 시장경제체제에 역행한다는 시각이 지배적이다. 국가가 가격을 바꾸기 위해 인위적으로 힘을 사용해 통제하는 것은 경제를 왜곡하기 때문이다. 가격결정은 경영 그 자체며, 가격결정에 실패하면 기업경영은 파탄이 난다. 따라서 업계가 스스로 자제해야 하고 자율 협약을 마련해서 잘못된 관행을 하루속히 바로잡아야 한다는 것이다.

기업의 마케팅이란 겉치레만 그럴듯하게 해서 물건을 파는 수단이 아니다. 고객의 눈을 속여서 이익을 얻는 것은 장사가 아니다. 기업의 목표는 이익의 추구에 있지만 고객과의 관계를 희생해 가며 얻는 이익은 분명 나쁜 이익이며 그 이익은 오래가지 못하기 때문이다. 베인앤컴퍼니의 프레드 라이켈트 대표는 좋은 이익을 내는 기업만이 성장 동력을 지닌다고 주장한다. 그런 기업의 고객들은 친구나 동료들에게 매우 적극적으로 회사의 제품과 서비스를 지지하고 응원하고 추천하기 때문이다. 요즘 말로 찐팬이 많은 기업만 성장한다는 것이다. 고객을 찐팬으로 만드는 비결은 진심과 좋은 관계다. 버진그룹의 리처드 브랜슨 회장도 "돈을 버는 비결은 오직 사회에 대한 책임과 명성만을 생각했기 때문"이라고 말한다.

마케팅 혁신은 기업이 고객의 눈으로 보고 생각하는 것이다. 세계 최대의 창고형 할인매장 체인인 월마트를 개척한 샘 월튼은 고객을 제일로 놓는 서비스 정신을 사업의 바탕으로 삼고 있다. 그는 "소매업에 뛰어든 이래 나는 줄곧 하나의 기본원칙을 고수해 왔다. 즉, 소매업에 있어서 성공의 열쇠는 고객에게 그들이 원하는 것을 주는 것이다."라고 말했다. 미국의 헬스케어 회사인 존슨앤존슨J&J의 강령에서도 "고객이 최고며, 고용자는 둘째다. 그래야 투자자들에게 최고의 결과를 가져다줄 수 있다."라고 선언한다. 이렇듯 고객을 정점으로 하는 기업가치가 기업성공의 핵심이다.

미국의 경제학자 토머스 소웰은 "가격이 중요한 이유는 돈 때문만은 아니다. 단편적인 지식이 방대하게 연결되는 사회에서 해당 정보의 가치를 빠르게 알려주는 수단이기 때문이다."라고 말한다. 하지만 소비자는 가격 정보의 정당성을 제대로 판단하지 못하는 바보가 아니다. 지금은 그 모습을 보기 어렵지만 50여 년 이전만 해도 농·수산물은 물론이고 무게 단위의 상품 거래에는 대부분 저울을 사용했다. 그래서 소비자가 시장에서 물건을 살 때 가장 먼저 살피는 것이 저울의 정직성이었다. 교묘히 속이는 저울에는 단연히 분노했다. 자기 꾀에 빠져 고객을 속여서 나쁜 이익을 추구하는 저울은 반드시 그 대가를 치렀다. 성경의 잠언에서도 "속이는 저울은 여호와께서 미워하시나 공평한 추는 그가 기뻐하시느니라."라고 했다. 이처럼 속이는 저울은 사람은 물론이고 신에게서도 용서받을 수 없다.

우리나라 법원의 상징인 정의의 여신 손에는 천칭, 즉 금 저울이 들려있다. 천칭의 한쪽에 법규를, 그리고 다른 한쪽에는 죄를 올려놓고 양쪽이 수평을 이루도록 판결하는 것이 사법부의 임무라는 뜻이다. 법은 만인에게 평등해야 하며 언제나 공정해야 한다는 것을 보여준다. 마찬가지로 장사에서도 공정성이 지켜져야 한다. 꼼수의 유혹은 어떤 경우라도 결연히 물리쳐야 한다. 잘못된 속임수를 용인하거나 옹호하면 너도 망하고, 나도 망하고, 우리 모두 망한다.

(2023.12.04.)

경영의 창으로 본 세상 2

09

아날로그의 귀환

고객이 진정 갈망하는 것은 만남과 정

이달부터 야외 마스크 착용 의무 조치가 해제됐다. 2020년 10월 도입된 지 무려 566일만이다. 많은 이들이 환영하고 있으나 우려하는 목소리도 만만치 않다. 마스크에 익숙해져서 그런지 마스크를 쉽게 벗지 못하는 이들도 있다. 실내에서의 마스크 착용은 여전히 의무이지만 대면활동은 본격화될 전망이다. 재택근무 대신 직장에 출근하고, 대면회의를 하고, 학교에서도 대면수업이나 운동회 등이 허용되면서 코로나 이전의 일상으로 돌아갈 것을 기대하고 있다.

코로나 종식 분위기 속에서도 일이나 모임이 온라인 또는 하이브리드로 운영되는 추세는 지속될 것으로 보인다. 예상치 않게 원격근무와 온라인 회의가 상당한 성공을 한 까닭이다. 그럼에도 불구하고, 기업들은 우리 일상 속에서 오프라인 대면활동이 크게 늘어날 것으로 기대하고 있다. 지난 달 대한상공회의소는 2분기 소매유통업계의 경기전망지수RBSI가 99로 집계되었다고 발표했다. 전국 7대 도시 소매유통업체 1,000개사를 조사한 결과 온라인 쇼핑을 제외한 모든 오프라인 유통 업태에서 지난 분기보다 경기지수가 크게 상승했다. 특히 백화점은 RBSI가 111로 기준치 100을 훨씬 상회했다. 유통기업들은 오프라인 비즈니스의 호황을 예상하며 매장을 재정비하는 등 코로나19 이후를 대비한 준비를 꾸준히 해왔다.

코로나19로 폐업 위기에 내몰렸던 오프라인 매장들도 다시 들썩이고 있다. 오프라인 쇼핑에는 온라인에서 경험할 수 없는 교감과 즐거움이 있다. 손으로 만지고 냄새를 느끼는 '실제'가 존재하기 때문에 특별한 관계와 다양한 체험을 할 수 있다. 온라인 구매에 익숙한 MZ세대들도 흥미를 느낀다. 오감의 문이 활짝 열리면 더 넓은 세계를 경험하며, 오감을 통한 만족감과 희열을 맛볼 수 있다. 최근에는 아날로그 제품과 아이디어를 의식적으로 선택하는 경향도 크게 늘어나고 있다. 아날로그로의 회귀다.

기술이나 편리성보다 사람과 관계가 중시되는 아날로그로 회귀하는 경향을 데이비드 색스는 '아날로그의 반격'이라고 불렀다. 그는 밀레니엄 세대가 종이책을 선호하는 현상을 '기술과 인간의 균형을 찾는 시도'로 설명했다. 또한 레코드 LP판과 종이노트 몰스킨, 보드게임과 필름 카메라 등에 친근감을 느끼는 것은 '촉각적이고 인간중심적인 경험을 갈망'하기 때문이라고 했다. 몰스킨 창업자 마리아 세브레곤디도 "우리 인간은 시각, 후각, 미각, 촉각, 청각과 같은 감각기관을 통한 물리적인 자극을 매우 필요로 한다."고 했다.

모든 것이 연결되고 어떤 정보든 손쉽게 얻을 수 있는 테크놀로지 시대다. 하지만 역설적으로 사람들은 더 이상 적극적으로 듣거나 알려고 하지 않고, 자신에게 의미가 있다고 느끼는 정보만 선택적으로 수용한다. 낯선 사람과는 대화조차도 어렵다. 자신의 가치관과 정체성을 더욱 중시하고, 개인별 취향과 관심사는 매우 다양해졌다. 코로나19 이후 초개인화가 급속히 진전되면서 동시에 취향과 관심사를 공유하는 사람들이 고객 집단을 이루는 신부족주의 현상도 나타났다. 따라서 코로나19 이후의 마케팅은 이전과는 전혀 다른 차원의 전략을 요구한다.

컨설팅전문회사인 EY의 자넷 발리스Janet Balis는 지난해 3월 '코로나 이후에 적용되어야할 10가지 마케팅 진실'이란 글을 하버드비즈니스리뷰에 발표했다. 먼저 마케팅은 고객이 아니라 고객 집단을 이해하는데서 시작되어야 한다고 주장한다. 또, 경쟁의 대상은 경쟁회사가 아니라 고객이 마지막으로 경험한 최고의 경험이라고 했다. 따라서 고객 집단이 요구하는 가치를 명확히 알고, 고객관계의 형성에서부터 고객유지관리까지의 전 과정에서 마케팅 활동을 꾸준히 전개해야 한다는 것이다. 고객경험에 있어 새로운 가치를 창출하여 변함없는 신뢰를 확보하고, 진정성과 친밀감을 기반으로 고객관계를 유지하는 것이 중요하다고 강조한다.

이러한 맥락에서 기업들은 고객관계의 관리를 위해 오프라인에서 소비자와 직접 거래하는 D2C[Direct to Consumer] 마케팅에 주목하고 있다. '가나 초콜릿 하우스', '무신사 스탠다드', '두껍상회' 등과 같은 체험형 오프라인 매장이 바로 그것이다. 매장에서 고객과의 직접적 교감을 통해 특별한 경험을 제공하여 고객관계를 맺는 것이다. 브랜드 컨설팅 전문회사인 필라멘트앤코의 최원석 대표는 매력 있는 오프라인 공간은 무엇보다도 '와야 할 이유'가 있어야 한다고 강조한다. 그러려면 새롭고 독창적인 스토리가 있는 감각적 놀이터가 되어야 한다. 그곳에서 '오직 당신뿐[only you]'이라는 개인화된 고객관계를 맺게 된다. 이러한 오프라인 공간이 장차 유통의 미래를 이끌 것이다.

고객이 진정 갈망하는 것은 인간중심의 경험과 공감의 인간관계다. 만남과 정[情]이 핵심이다. 정이 우러나는 관계는 사랑보다 더 무섭다. 행복한 경험, 감성적 유대와 애착을 쌓은 고객은 쉽게 떠나지 못할 것이다. 정 때문에.

(2022.05.09.)

경영의 창으로 본 세상 2

10

소상공인의 위기 탈출

자조정신, 사업몰입, 끊임없는 혁신이 해답

지난달 말, 여권의 고위당정대협의회가 '소상공인·자영업자 현장 애로 및 경영 부담 완화 방안'을 발표했다. 핵심은 현재 고금리로 소상공인과 자영업자의 경영이 어려운 점 등을 고려하여 이들에게 선지급된 재난지원금 환수를 면제하기로 한 것이다. 약 57만 명에게 8천억 원의 혜택이 돌아가는 조치다. 또한 당정은 소상공인 이자 비용 경감과 매출 증대를 위한 소비캠페인도 적극 지원하기로 했다.

이어서 엊그제 윤석열 대통령은 "소상공인의 금융 부담 완화를 위해 저리융자 자금 4조 원을 내년 예산에 반영하고 저금리 대출로 바꿔주는 특단의 지원 대책을 준비하고 있다."라고 말했다. 이달 초, 비상경제민생회의에서 "소상공인 · 자영업자들이 죽도록 일해서 번 돈을 고스란히 대출 원리금 상환에 갖다 바치는 현실에 마치 '은행의 종노릇'을 하는 것 같다."며 은행권을 강하게 질타한 이후에 나온 소상공인 살리기 대책이다.

재정 지원은 소상공인이 코로나19로 당면한 절체절명의 위기에서 벗어나도록 도와주려는 고육지책이다. 이러한 지원은 세금으로 충당되기 때문에, 국민 부담이 늘어나게 된다. 건전재정을 강조해 온 현 정부가 현금성 지원 정책을 펼치는 것에 의문이 제기되기도 한다. 하지만 대통령은 "서민이 숨 쉴 수 있는 공간을 마련해야 하고, 이런 곳에는 기본적으로 재정이 들어가야 된다."라며 소상공인에게 지원의 손길을 힘껏 내미는 따뜻한 정부가 될 것을 다짐했다.

경제적 약자에 대한 국가 차원의 피해보상이나 지원은 대다수 국민이 동의할 것이다. 그러나 세수도 줄어든 마당에 국가가 재정 지원에 앞장서는 데에는 의견이 엇갈린다. 우리 경제 여건이 녹록하지 않기 때문이다. 정부 부채는 물론이고 기업의 신용비율과 가계부채도 크게 늘었다. 대출금리도 높아질 전망이다. 소비 · 투자가 위축되고, 매출액 영업이익률은 하락하고, 영업이익으로 이자도 못 내는 취약 기업도 크게 늘고 있다. 가계부채의 연체율은 점점 늘어나고, 고금리로 원리금 상환조차 갈수록 어려워질 것이라는 우려도 커지고 있다.

소상공인이 국가가 보살펴야 하는 대상이라면 정부가 감당해야 할 역할은 무엇일까. 우선 정부는 소상공업의 취약한 경영을 지원하기 위한 제도적 · 정책적 방안을 폭넓게 마련해야 한다. 특히 소상공인이 당면한 어렵고 시급한 경영 여건을 제대로 파악하는 것이 급선무다. 개별적으로 도저히 감당할 수 없는 부분들은 정부가 앞장서서 개선해 주어야 한다. 예컨대 높은 대출장벽이나 차별적인 금융수수료 부담, 불합리한 세제, 과도한 규제 등을 바꾸어 주어야 한다. 소상공인의 고유 사업영역에 대기업이 무분별하게 진출하는 것도 막아야 한다.

하지만 분명한 것은 사업 규모와 무관하게 개별 사업은 개별 사업주가 스스로 경쟁력을 키워나가야 한다는 것이다. 정부의 역할은 소상공인이 자신의 어려움을 스스로 헤쳐 나가는 데 장애가 되는 요소를 해결해 주는 것이다. 새뮤얼 스마일즈의 『자조론』은 이렇게 시작된다. "타인의 도움은 오히려 자신을 나약하게 만든다. 그러나 스스로의 도움은 무엇과도 견줄 수 없는 강력한 힘이 된다. 하늘은 스스로 돕는 자를 돕기 때문이다."

소상공인의 경영 성과도 국가의 지원보다는 스스로를 도우려는 정신, 즉 인내, 끈기, 근면, 성실, 정직, 몰입과 같은 비물질적인 요소가 결정한다. 『노예의 길』에서 프리드리히 하이에크는 국가권력을 통해 물질적 보장을 받으려는 사람들의 시도는 곧 스스로 노예의 길로 들어선 것이라고 경고했다. 국민의 복지향상은 제도 개선이나 사회

개혁보다는 자조 정신에 바탕한 자기 계발에 달려있다고 강조한다.

소상공인이 위기를 돌파하는 가장 강력한 힘은 풍족한 재정이 아니라 자신의 사업에 몰입하여 끊임없이 혁신을 이루는 데서 나온다. 이것은 간절함과 불굴의 의지가 있어야 가능하다. 그러므로 소상공인의 생존과 번영에 긴요한 것은 자조 정신과 현실을 제대로 보는 바른 판단이다. 언제나 가장 중요한 것은 바로 '지금'과 '자신'이라는 두 단어다. 남은 결코 나의 문제를 해결해 주지 않는다.

11월 5일은 소상공인의 날이다. 올해는 현직 대통령이 18년 만에 처음으로 소상공인대회에 참석하여 격려와 지원을 약속했다. 소상공인에게 큰 응원이 되었을 것이다. 그러나 가장 중요한 것은 730여만 개에 달하는 소상공인이 실현해야 할 일류 상공업문화의 진작이다. 그러려면 진정한 상인정신과 장인정신이 하루속히 뿌리를 내려야 한다. 소통과 상생으로 고객을 기쁘게 하고, 자신의 분야에서 기술에 통달하기 위해 심혈을 기울이는 철저한 직업정신이 절실하다.

우리 사회에 잔재하는 '사농공상'의 전근대적 신분 의식도 사라져야 한다. 이것 또한 소상공인이 앞장서서 바꾸어 나가도록 노력해야 한다. 당면한 난관을 스스로 헤쳐 나가려는 정신과 자세를 굳건히 지킬 때, 비로소 소상공인의 밝은 세상이 활짝 열릴 것이다.

(2023.11.06.)

11

올해 코세페는 성공한 축제로 기록될까

신나는 쇼핑 장소로 변모하는 것이 성공의 비결

지난 11일부터 '한국판 블랙 프라이데이'로 불리는 코세페코리아세일 페스타가 시작됐다. 이달 말까지 20일 동안 진행되는 코세페는 무려 2,500여 개 업체가 참여해서 최대 50%까지 할인행사를 벌인다고 한다. 백화점과 대형마트를 주축으로 해서 가전, 자동차, 화장품 등 제조업과 아울렛과 면세품, 영화관을 비롯하여 온라인 쇼핑몰까지 참가했다. 실로 초대형 세일 행사라 할 만하다. 정부는 이번 행사로 주요 참여기업 매출액이 전년 대비 10% 이상 늘어날 것을 기대하고 있다.

하지만 열흘이 지난 현재 시점까지 기대만큼의 열기나 성과는 나타나지 않고 있다. 남은 10일의 성과도 불투명하다. 행사가 중반이 지나지도 않았는데 벌써 코세페 무용론까지 등장했다. 코세페의 취약성은 공급과 수요 양 측면에서 확인된다. 공급 측면에서는 참여한 제조업체의 할인율이 미약하고, 대형유통업체들은 코세페와 별도로 제각기 브랜드를 내걸고 연말 세일 행사에 돌입했기 때문이다. 또한, 최대 50% 할인율이라고 홍보하지만, 이는 소수의 상품에 불과하고, 실제로 대다수 상품의 할인율은 그다지 높지 않은 수준이다. 코세페가 특별히 눈에 띄게 더 싸게 파는 것은 아니라는 것이 소비자들의 반응이다.

이미 국내 쿠팡에서는 겨울 아이템을 최대 80% 할인된 가격으로 공세를 하고 있고, 중국과 미국의 해외 직구 앱에서도 큰 폭의 할인 판매를 하고 있다. 미국의 블랙 프라이데이에서는 아마존을 비롯한 대형 유통업체에서 50~90%까지 할인 판매한다. 굳이 코세페에서 상품을 구매하지 않아도 될 이유가 충분한 것이다. 한편, 수요 측면에서는 고금리 여파로 가계부채가 늘어나 가계의 실소득이 넉넉지 않고, 더구나 위축된 소비심리가 행사를 뒷받침하지 못하고 있다는 점이 악재다.

코세페로 얼어붙은 소비심리를 갑자기 녹이는 효과를 기대할 수는 없다. 직매입해서 판매하는 미국과는 달리 주로 판매를 중개하는 구조로 운영되고 있는 국내 유통업체만으로는 높은 할인율로 행사를 진행하기도 어렵다. 따라서 제조업체가 높은 할인율로 참여해야 한다는 주장이 힘을 얻는다. 가격만으로 승부를 본다면 최근 LG그룹의 할인율 정도는 되어야 할지도 모른다. LG트윈스 야구단이 29년 만에 통합우승해 LG전자는 주요 가전제품을 29% 할인 판매하고 있으며, LG생활건강은 인기 제품을 29%의 가격으로 판매하고 있다. 이 정도의 압도적 빅세일이라야 소비자들의 지갑이 열릴 수 있다는 것이다.

그래서 제조업체가 높은 할인율로 참여할 수 있도록 정부가 적극적으로 권유하는 것이 코세페의 가장 큰 과제다. 또한, 굳이 해외 직구를 이용하지 않더라도 코세페에서의 상품 구입이 소비자들에게 상당한 실익이 되는 요인들을 찾고, 고안하고, 실행해야 한다. 참여기업들도 차별적인 세일 행사를 적극 펼쳐서 고객의 쇼핑 욕구를 자극하고, 고객을 잘 모시기 위해 최선을 다해야 할 것이다.

코세페는 미국의 블랙 프라이데이를 벤치마킹한 행사다. 전통과 시장구조가 다른데도 불구하고 선진국의 제도를 거의 그대로 모방했다. 변화가 극심한 시대에서는 '무엇비즈니스 모델'을 할 것인가 보다 '왜'와 '어떻게'에 대한 충분한 연구가 중요하다. 남이 하는 그 '무엇'이 아무리 훌륭하더라도 그것이 나에게 온전히 작동되기는 어렵다. 기존의 비즈니스 모델을 모방하거나 짜깁기하는 것도 바람직하지 않다. 당연히 혁신이 요구된다. 혁신이란 시장에서 새로운 고객가치를 창조하고 전달하는 프로세스다. 고객가치는 가격할인이나 품질향상과 같은 유형의 혜택뿐만 아니라 서비스나 편의성 그리고 개성표현과 같은 무형의 혜택까지 포함한다.

코세페의 혁신이 필요하다. 장사는 단순히 물건을 사고파는 것이 전부가 아니다. 시장은 공감의 장이고, 어떤 비즈니스도 사람 비즈니스다. 코세페도 단순한 할인행사장이 아니라, 신나고 놀라운 방식으로 고객의 진짜 니즈를 제대로 충족할 수 있어야 한다. 코세페가 새로운 형태의 쇼핑 장소로 변모될 때 소비 진작은 물론이고 참여기업의 성장에도 마중물 역할을 하게 될 것이다. 정부가 주도하고 지자체와 민간기업이 합세하는 방식도 재고해야 한다. 장사의 주체는 민간기업이고, 기업가적 아이디어와 이를 추진하는 능력도 기업에서 나온다. 정부나 지자체의 역할은 참여기업이 혁신적 활동을 잘 펼치도록 지원하는 것이어야 한다.

유통업계는 코세페의 성공으로 그 분위기가 연말까지 이어질 것을 바라고 있다. 정부도 코세페가 소비자와 유통업계의 힘든 상황에 큰 힘이 되기를 기대하고 있다. 그러려면 반드시 코세페의 새로운 방향과 혁신 전략이 마련되어야 한다. 그것이 코세페의 존재 이유를 결정하기 때문이다. "왜 살아야 하는지 이유를 아는 사람은 어떤 어려움도 견뎌낼 수 있다." 갑자기 몰아닥친 초겨울 한파에 철학자 프리드리히 니체의 이 말이 마음에 와닿는다.

(2023.11.20.)

12

'한국의 맛' 그리고 못난이 농산물

상생과 신뢰의 마케팅이 해결사

올여름 집중 호우와 폭염으로 농산물가격이 천정부지로 뛰었다. 채소, 과일 사기가 겁난다는 주부들의 목소리가 여기저기서 들린다. 작황이 엉망이라 제대로 된 상품을 건지기가 어려운 농민들의 시름도 깊어만 간다. 정부의 비상한 노력에도 농산물가격의 안정이나 농가 수입의 보장은 기대에 미치지 못한다. 농산물은 수요·공급의 미세한 변화에도 가격 변동이 매우 크다. 공급이 과잉되면 물량 조절이 어려워서 폐기되는 농산물이 부지기수다. 더구나 규격품 이하의 소위 B품은 헐값에도 팔 수 없어서 버리는 일이 다반사다. 따라서 농산물의 마케팅과 판로 확보가 농민의 안정적 소득에 결정적 요인이 될 수밖에 없다.

최근 농산물마케팅에서 두 가지 새로운 트렌드가 등장했다. 첫째는 유통업계가 지역의 생산 농가와 협업해서 지역 특산물을 대표 상품으로 개발하는 '로코노미Loconomy' 마케팅이다. 로코노미란 지역Local과 경제Economy의 합성어다. 지역의 농산물 유통을 돕기 위한 새로운 개념의 상생 마케팅이다. 선두 주자는 맥도날드의 '한국의 맛' 프로젝트다. 2021년 '창녕 갈릭 버거'에 이어서 보성의 녹차, 진도의 대파 등 국내산 식재료를 활용한 신제품을 출시하여 크게 성공했다. 메가MGC커피, 롯데웰푸드, 이디야커피, 굽네치킨, 스타벅스도 지역 상생을 가치로 내세우며 로코노미 마케팅을 활발하게 전개하여 기대 이상의 성과를 내고 있다.

로코노미 마케팅의 성공 비결은 소비자, 지역 농가, 그리고 기업의 니즈가 골고루 잘 맞아떨어졌기 때문이다. 무엇보다도 기업은 지역과의 상생으로 제품 인지도와 긍정적인 기업이미지를 제고할 수 있게 되었다. 소비자들의 '가치소비' 트렌드도 로코노미 식품의 구매에 한몫했다. 맛도 좋고, 건강에도 좋고, 더욱이 경제적 약자인 농가를 돕는 것이 지역 사랑의 실천이라고 믿기 때문이다. 농민들은 판로를 안정적으로 확보할 수 있어 크게 반긴다. 이렇듯 로코노미 마케팅은 소비자와 지역 농가, 기업 모두가 상생하는 유통 방안으로 인식되면서 향후 더욱 확대될 것으로 보인다.

농산물마케팅에서 또 하나의 새로운 유통행태는 '못난이' 농산물의 활발한 거래다. 단순히 B급이라는 이유로 소비되지 않았던 농산물을 소비자들이 저렴한 가격에 활발히 구매하게 된 것이다. 맛과 영양 등 품질에는 큰 차이가 없지만 농산물의 외모에 약간의 문제가 있어서 버려졌던 B급 농산물이 이제는 오히려 소비자가 선호하는 상품이 되었다. 이것은 지구환경을 위해 농산물이 버려지지 않도록 배려하는 새로운 소비행태로 여겨지면서 지구와 개인을 위한 더 나은 소비 습관으로 정착하고 있다.

못난이 농산물은 어글리어스, 예스어스, 언밸런스마켓 등 온라인 기반의 유통 서비스에서 편리하게 구매할 수 있게 되면서 소비가 급증했다. 최근에는 롯데마트, 편의점 CU, 마켓컬리 등도 못난이 채소와 과일을 적극 취급하고 있다. 롯데마트는 "농가와 상생하면서도 소비자가 장바구니물가 부담을 덜 수 있도록 다양한 상생 시리즈를 선보일 계획"이라고 한다. 이전에 버려졌던 못난이 농산물이 다양한 판로를 확보하게 되면서 소비자는 저렴한 가격에 구매하고 농가에는 더 많은 수익이 돌아가게 되었다.

이제 못난이 농산물의 구매는 더 이상 일회성으로 끝나는 소비행태가 아니다. 주기적 구매로 못난이 농산물에 대한 경험이 늘어나고 인식도 변화되고 있다. 가격 메리트나 농가 돕기 등과 같은 종전의 시혜적 관점에서 식품의 본질인 맛과 건강을 충실하게 전달하는 본질적 소비로 진보하고 있다. 못난이 농산물의 부상은 저렴하며, 품질도 좋고, 트렌디하며, 건강한 삶도 놓치지 않으려는 새로운 개념의 소비가 앞으로도 꾸준히 나타날 청신호로 보인다.

역사상 농산물마케팅의 원조는 아마도 프리드리히 대왕의 감자 마케팅일 것이다. 맛도 없고 향도 없어 아예 '줘도 안 먹는 농산물'이었던 감자를 '안 먹고는 못 배기는 작물'로 바꾸었다. 대왕의 특별한 감자 마케팅전략은 백성들의 관심과 공감을 유도하는 것이었다. 정원사에게 감자를 재배하라는 비밀 명령을 내리고 도둑을 막는 것처럼 보이려고 감자밭에 무장 감시 요원을 배치해 백성들의 궁금증을 키웠다. 결국 백성들은 이 비밀의 밭에 큰 관심을 보였고 왕의 밭에 자라는 식물을 서리해 자기들 땅에 몰래 심었다. 백성들이 감자를 재배하도록 만들기 위한 왕의 목적은 달성되고, 이로써 유럽의 식량문제가 해결되었다.

버나뎃 지와는 『그들이 시장을 뒤흔든 단 한 가지 이유』에서 마케팅은 "인간이 느끼는 방식을 바꾸는 것, 결국 어떤 물건에 애정을 주게 만들거나 자기 자신을 조금이라도 더 사랑하도록 만드는 것과 관련이 있다."라고 했다. 농산물마케팅은 단순히 먹거리를 주고받는 행위가 아니다. 상생의 농산물마케팅은 그보다 더 본질적인 의미 곧, 감정과 애정의 행위로 이해해야 비로소 작동한다.

(2023.08.28.)

경영의 창으로 본 세상 2

13

'노무현 마케팅' vs '퀀텀 마케팅'

과거에 대한 향수와 미래의 신기술 활용

코로나19는 인류역사상 전례가 없는 대전환 시대를 열었다. 사회생활과 문화생활, 그리고 경제체제까지 송두리째 뒤흔들어 놓은 것이다. 코로나 이전의 삶을 상상할 수 없게 되면서 모든 분야에서 새로운 삶의 방식이 나타났다. 하지만 우리나라 정치는 여전히 과거 방식을 그대로 답습하고 있다. 일례로 대선만 되면 반복되는 '노무현 마케팅'이 그것이다.

지난 해 7월, 여권의 대선 후보 경선에 나선 모든 주자들은 노무현 전 대통령을 앞세우며 인물 마케팅을 펼쳤다. 이번에는 대선을 한

달 앞두고 또 여야 대통령 후보들이 '노무현 마케팅'을 펼치고 있다. 지난 5일 제1야당 후보가 제주 강정마을에서 '노무현 정신'을 말했고, 다음날에 여권 후보는 경남 봉하마을의 노 전 대통령 묘소 앞에서 연신 눈물을 흘렸다. 그 다음날에는 또 다른 야당 후보가 '노무현의 길을 걷겠다'며 지지를 호소했다.

노무현 전 대통령이라는 인물과의 인연을 내세우며 돌아가신 정치 지도자를 소환한 속뜻은 누구나 짐작할 수 있다. 영어에 'Good old days'라는 말이 있듯이 과거에 대한 향수에 의존하여 유권자들의 지지를 끌어내려는 것이다. 하지만 '노무현 마케팅'이 과열되면서 오히려 '고인 모독' 논란과 여러 가지 부작용만 드러냈다. 이처럼 과거의 관행에 갇혀 낡은 방식을 복제하는 선거캠페인은 우리나라 정치수준의 민낯을 가감 없이 보여주고 있다.

인물을 등장시킨 오래된 마케팅 가운데 지금도 여전히 회자되는 것이 있다. 『달과 6펜스』로 유명한 프랑스 소설가 서머셋 모옴이 자신의 소설을 베스트셀러로 탄생시킨 광고다. 출판사가 자신의 책을 광고해주지 않자 지인들에게 돈을 꾸어서 신문의 구인·구직란에 직접 광고를 냈다. "저는 음악과 운동을 좋아하는 젊고 교양 있는 백만장자입니다. 서머셋 모옴 소설 속의 여주인공과 같은 타입의 여성과 결혼하고 싶습니다." 며칠이 지나자 그의 소설은 불티나게 팔렸다.

그러나 포스트 코로나 시대에서도 '노무현 마케팅'이나 서머셋 모옴의 소셜 마케팅과 같은 방식이 유효하게 작동하기를 기대할 수 있을까? 정답은 당연히 '아니오'일 것이다. 코로나19가 야기한 대혼란의 시대에서는 과거의 어떠한 마케팅 방식에도 심각한 문제가 제기된다. 당연히 대대적인 수정이나 혁신적인 방안이 요구된다. 그래서 어떠한 변혁기에도 마케팅은 위기다. 급격한 변화를 맞이하면 기존의 마케팅 이론, 전략, 관행 등 모든 것이 무력해지기 때문이다. 기업경영의 현장에서 새로운 마케팅 패러다임의 출현이 불가피한 이유다.

기업의 마케팅 패러다임은 대체로 제품마케팅, 감성마케팅, 데이터 주도마케팅 등 3단계의 프레임워크를 거쳐 왔다. 지금은 4단계, 디지털·소셜마케팅 시대다. 스마트폰과 소셜미디어를 토대로 한 실시간 연결이 핵심이다. 라자 라자만나르Raja Rajamannar는 『퀀텀 마케팅』에서 곧 제5의 패러다임인 '퀀텀 마케팅Quantum Marketing'이 등장한다고 주장한다. 예측 불가능한 신기술, 엄청난 양의 데이터, 삶의 순간에의 접근 가능성, 실시간 행동의 기회 또는 위협 등 모든 것이 종전의 마케팅을 통째로 바꾼다는 것이다.

이처럼 '퀀텀 마케팅'은 데이터와 인공지능AI 및 각종 신기술이 기존의 마케팅 지형을 획기적으로 바꾼 상황에서 전개된다. 소위 '퀀텀 점프Quantum Jump'하는 마케팅 패러다임이다. 기업이 '퀀텀 점프'한다는 것은 혁신 경영을 통해 기존 환경과 구조를 깨고 한계를 뛰어넘어 비약적으로 발전하는 것을 뜻한다. '퀀텀'은 속도나 양적인 측면에서 측정 불가능할 정도의 급격한 변화를 의미한다. 일례로 레이 커즈와일 Ray Kurzweil이 2029년에 실현된다고 예측한 범용인공지능AGI; Artificial General Intelligence 같은 것이다.

이제 마케팅은 극도로 혼란스러운 신기술과 변화된 삶의 방식에 새롭게 대응해야 한다. 소비자는 예전과는 전혀 다른 수준에서 발생하는 콘텐츠, 메시지, 이미지와 새로운 자동화가 얽히고설킨 복잡한 미로에 놓이게 된다. 따라서 '퀀텀 마케터'에게는 개방성과 기술적 지식이 필수다. 가까운 미래에 나타날 어떤 기술이 삶을 어떻게 바꿀 것인지를 예측하고, 그러한 변화에 탄력적으로 대응하는 마케팅을 펼쳐야 한다. 나아가 소비자들과 끊임없이 공감하면서 진정성과 몰입감이 있는 상호작용 및 경험, 실시간 마케팅, 소비자들의 라이프 사이클에 따른 예민하고 섬세한 마케팅을 전개하는 것이 중요하다.

기존의 한계를 넘어서는 '퀀텀' 상황에서 기업은 물론이고 정치에서도 당연히 과거의 전략과 이전의 성공 방식에 끊임없이 의문을 제기하고 수정해야 한다. "새롭게 생각하는 것보다 옛 생각에서 벗어나는 것이 진짜 난제다." 영국의 경제학자 존 메이너드 케인스의 말이다.

(2022.02.14.)

경영의 창으로 본 세상 2

14

AI 시대의 휴먼터치 마케팅

AI 마케팅의 핵심은 기술보다 휴먼터치

편파 판정과 약물로 얼룩진 베이징 2022 동계 올림픽이 지난 20일 폐막했다. 외교적 보이콧에 이어 도덕성과 공정성을 결여한 경기운영으로 올림픽 정신을 크게 훼손시킨 것으로 평가됐다. '살다 살다 이런 올림픽은 처음'이라든가 '최악의 사기 올림픽', '눈뜨고 코베이징' 등 대회 운영 방식을 질타하는 지적들이 폭발했다.

편파 판정과 오심 논란을 해소하고 경기 결과를 공정하게 판가름하기 위해서는 '인공지능AI 심판'이 필요하다는 주장도 나왔다. AI를 잘 활용하면 경기 결과에 대한 올바른 평가를 기대할 수도 있다. 하지만 최종적인 판단은 역시 사람의 몫이다. AI를 구축하고 활용하는 사람들의 윤리의식에 문제가 있을 경우에는 오히려 더 큰 시비와 문제를 야기한다. 소위 AI의 편향성 우려다.

AI는 이제 스포츠는 물론이고 심지어 예술 영역까지 파고들었다. 인간의 창의성을 넘보고 있는 것이다. 최근 뉴욕 패션위크에서 LG가 선보인 AI 아티스트 '틸다Tilda'는 박윤희와 협업해 제작한 패턴과 의상을 제공해 화제가 되었다. 캘리포니아대 음악학 교수인 데이비드 코프는 '에미EMI; Experiments in Musical Intelligence'라는 AI 프로그램을 개발해 바흐, 베토벤, 쇼팽이 작곡했을 법한 교향곡들을 만들어냈다.

AI와 종교의 만남도 진행 중이다. 중국 용천사龍泉寺의 '센얼賢二' 로봇 스님을 필두로, 일본에는 '민다르Mindar', 그리고 태국에서는 '프라 마하Phra Maha'라는 AI 스님이 등장했다. 독일에서는 'Bless U-2'라는 깡통 모양의 로봇 성직자가 1만 명의 신도들에게 성경구절을 설교했다고 한다.

이렇듯 우리 삶의 다양한 분야에서 인공지능화가 급속도로 진행되고 있다. 그래서 소프트웨어SW와 AI 관련 역량이 미래세대의 핵심역량이라고 한다. 초·중등교육에서부터 이러한 역량을 충분히 계발해야 나라의 미래가 있다는 것이다. 미래세대의 SW와 AI 격차를 미리 대비하는 것이 시대적 요구며 국가의 책무라고 강조한다. AI를 활용하는 능력에 따라 사람, 기업, 국가 간 격차가 뚜렷해 질 것이기 때문이다.

일례로 유발 하라리는 『호모 데우스』의 서문에서 AI의 급부상으로 남·북한 사이의 문화적 격차가 벌어지면 통일이 더 어려워질 것이라고 주장했다. AI는 한국인의 문화와 심리까지 바꿔놓을 것이고 북한 사람들이 비슷한 혁명을 겪지 않을 경우 두 집단 사이의 격차는 그 어느 때보다 커질 것이라고 말한다.

이젠 2016년 이세돌 9단을 완벽에 가까운 패배로 이끈 바둑 AI 알파고보다 수천 배 진화한 초거대 AI가 속속 등장하고 있다. 초거대 AI 기술의 상용화 경쟁이 본격화되었다. 구글과 MS, 엔비디아, 테슬라 등 글로벌 빅테크 기업들에 이어서 국내 대기업들도 초거대 AI 경쟁에 뛰어들었다. LG의 엑사원EXAONE, 네이버의 하이퍼클로바, 카카오의 코지피티KoGPT 등이 출현했고, 통신업과 금융업계에도 AI 상용화 서비스를 선보이거나 개발 중이다.

그러나 AI 프로젝트로 실제 성과를 창출하는 기업은 여전히 극소수다. 한동대 정두희 교수는 "AI 혁신은 기술에 의해 이루어지는 혁신이지만, 최종적 성과는 사용자의 경험적 가치에 달려있다."고 주장한다. AI 제품이나 서비스는 고객에게 새로운 만족과 즐거움을 선사하고, 이를 통해 사람들의 습관과 문화가 바뀔 정도가 되어야만 비로소 성과가 나타난다는 것이다. 마케팅 구루 필립 코틀러는 『마켓 4.0』에서 하이테크는 역설적으로 가장 인간적인 감정인 하이터치를 필요로 한다고 강조한다. 따라서 기술과 기능이 아니라 인간미와 인간적 편의가 중심인 '휴먼터치human touch'가 AI 마케팅의 핵심이다.

디지털 테크놀로지 분야의 종사자들은 컴퓨터 바깥의 세상을 'IRLIn Real Life, 현실 세계에서' 이라고 부른다. 아날로그 세상에는 디지털 라이프가 결코 줄 수 없는 'IRL'의 즐거움이 있다. 따라서 휴먼로봇을 비롯한 모든 AI는 사람들이 현실세계에서 기쁨을 누리도록 인간적 편의를 제공해야 한다. '불쾌한 골짜기uncanny valley'도 주의해야 한다. 일본의 로봇공학자 모리 마사히로森政弘가 주장한 이 개념에 따르면, 사람은 어떤 사물이 자신과 비슷할수록 친화와 호감을 갖지만, 그것이 일정 수준을 넘어서 부자연스럽게 느끼는 정도에 도달하면 오히려 거부감과 혐오감을 갖게 된다는 것이다.

미래학자 레이 커즈와일Ray Kurzweil은 AI가 인간의 지능을 뛰어넘는 역사적 분기점인 '특이점singularity'이 2045년께 도래할 것으로 예언했다. AI가 스스로 AI를 만들고 사람의 뇌를 컴퓨터상에 재현할 수 있게 되면 세상은 어떤 모습이 될까. 자못 궁금하면서도 두렵다.

(2022.02.28.)

경영의 창으로 본 세상 2

15

'삶의 질'을 지향하는 마케팅

소비자의 웰빙이 중요한 이유

남미의 한적한 어촌에서 미국 부자가 한 어부를 만났다. 오전에 어부가 잡은 싱싱한 고기를 보며 물었다. "이 만큼 잡는데 시간이 얼마나 걸립니까?" 어부는 밝게 웃으면서, "잠깐이면 됩니다."라고 답했다. "그럼 더 많이 잡지 왜 벌써 돌아갑니까?"라고 부자가 물었다. "이 정도면 우리 식구가 충분히 먹고도 남는 양입니다. 이제 아내와 같이 요리해서 먹고, 낮잠도 자고, 오후에는 아이들과 놀다가, 저녁이면 친구들과 함께 기타도 치며 시간을 보냅니다."라고 대답했다. 부자가 한심하다는 듯이 말했다. "고기를 더 많이 잡아 팔아서 큰 배와 큰 그물을 사서 고기를 잡으면 많은 돈을 벌 수 있습니다. 그렇게 한 20년 만하면 큰 부자가 되고, 그리고 은퇴하면 더 좋은 집에서, 좋은 음식을 먹으며, 일광욕도 하며, 여유 있게 여생을 보낼 수 있을 겁니다." 그러자 어부가 대답했다. "내가 지금 그러고 있잖소?"

'이스털린의 역설Easterlin Paradox'로 알려진 이야기다. 행복경제학의 창시자인 리처드 이스털린 교수는 소득이 높아진다고 반드시 행복해지는 것은 아니라고 주장했다. 진정한 행복은 소득 수준이 아니라 '삶의 질Quality of Life'이 어떠한가에 달려 있다고 강조한다. 물론 일정 수준의 소득이 있어야 행복감을 느끼며 살아가게 된다. 그러나 소득 수준이 어느 수준 이상이 되면 행복감은 소득 수준과 비례하지 않는다.

2년 이상 지속된 코로나19 팬데믹으로 불확실성과 불안, 공포, 갈등이 크게 늘어났다. 국민들의 '삶의 질'과 행복감, 정신 건강이 극도로 나빠졌다고 한다. 지난달 한국보건사회연구원이 발표한 보고서는 코로나19 이후 주관적 행복감과 삶의 만족도는 낮아지고, 반대로 우울감은 현저하게 상승했다고 한다. 특히 경제활동 직군별로는 자영업자의 행복도와 삶의 만족도가 큰 폭으로 하락하고 우울감도 가장 크게 상승했다고 한다.

이달 15일 통계개발원이 발간한 '2021 국민 삶의 질' 보고서에서도 코로나19가 우리 국민의 삶에 부정적인 영향을 미쳤다고 분석한다. 특히 여가, 안전, 대인 관계와 관련한 지표가 크게 악화됐다. 여가생활은 코로나19 이전인 2019년에 비해 절반으로 줄었다. 반면에 사회적 고립도는 6.4%포인트나 올랐고, 연령대가 높을수록 상황은 더 심각했다. 개인의 대인 신뢰도에도 악영향을 미쳤고, 건강 지표인 비만율도 급등했다. 한마디로 코로나19로 인해 국민들의 '삶의 질'이 급격하게 나빠졌다는 평가다. 이렇듯 국민의 전반적인 '삶의 질'에 적신호가 켜지면서 역설적으로 이제는 누구나 '삶의 질'에 더 신경을 쓰게 되었다.

'삶의 질'은 마케팅에서도 중요한 이슈다. 사회지향 마케팅Societal Marketing의 핵심 개념이다. 이제 마케팅은 더 이상 고객만족을 실현하는 것만으로는 충분치 않다. 기업의 이해관계자인 고객, 직원, 투자자, 협력업체, 커뮤니티, 환경을 섬겨야 신뢰를 얻고 더 나은 성과를 실현할 수 있기 때문이다. 존경받는 기업인 홀푸드마켓은 이를 윈-식스win-six라 부르며 열심히 실천하고 있다. 기업이 '삶의 질'을 높이려면 소비자의 건강과 안전에 관심을 기울이고, 환경을 더 좋게 만들며, 사회적 책임을 성실히 수행해야 한다. 최근 강조되고 있는 ESG 경영처럼 마케팅 활동에서도 당연히 환경을 포함한 사회적·윤리적 가치를 적극 반영하고 실천해야 한다.

사회지향 마케팅의 사명은 소비자의 '삶의 질'을 높이고 행복감을 보장하는 것이다. 이를 위해서는 기업이 소비자의 웰빙well-being을 염두에 두고, 소비자와의 우호관계를 유지·강화해 나가야 한다. 무엇보다 마케터는 이윤 추구보다 소비자의 '삶의 질'을 우선시해야 한다. '삶의 질'이 마케팅 효과성의 척도가 되어야 한다는 것이다. 동시에 사회의 다양한 요구에 사후적으로 반응reactive하는 것이 아니라 사전적으로 대응proactive하는 자세도 필요하다. 그래야만 소비자의 '삶의 질'을 높이고 사회 및 환경의 요구에 책임 있게 부응할 수 있기 때문이다.

일본 경영의 신으로 추앙받는 마쓰시타 고노스케松下幸之助는 "경영이란 사람들이 어울려 서로의 행복을 위해 하는 활동"이라고 말했다. 경제적 풍요란 평화와 행복한 삶을 위한 것임을 애써 강조했다. 이렇듯 경영의 궁극적인 목표는 사람의 행복이다. 마케팅의 본질적인 역할도 소비자의 행복을 추구하는 것이다. 그것은 소비자의 삶을 풍성하게 하고 사회를 아름답게 만들어 '삶의 질'을 높이는 일이다.

코로나19 감염자가 이미 천만 명을 돌파했다. 방역 당국은 유행이 이제 정점을 지나 완만하게 감소하는 양상을 보인다고 전한다. 코로나19로 추락한 우리 국민의 '삶의 질'이 하루 속히 회복되어 웃음과 활기를 되찾을 수 있기를 고대한다.

(2022.03.28.)

3부

위기의 경제를 살아가는 법

누군가는 성공하고 누군가는 실수할 수도 있다.
하지만 이런 차이에 너무 집착하지 말라.
타인과 함께, 타인을 통해서 협력할 때라야 비로소 위대한 것이 탄생한다.
- 생텍쥐베리 Antoine Marie De Saint Exupery

희망이란, 본래 있다고도 할 수 없고, 없다고도 할 수 없다.
그것은 땅 위의 길과 같다.
본래 땅 위에는 길이 없었다.
걸어가는 사람이 많아지면 그것이 곧 길이 되는 것이다.
- 루쉰 **魯迅**

경영의 창으로 본 세상 2

01

새해 계획은 어떻게 세우셨나요

'그럭저럭 헤쳐가기' 의사결정이론의 중요성

어느새 한해의 끝자락이다. 누구에게나 연말은 특별한 느낌으로 다가온다. 올 한해를 제대로 살았는지 스스로 묻고 답해야 하는 순간이기 때문이다. 올해 계획했던 일들이 제대로 이루어졌는지 돌이켜 보자. 실패의 쓴맛을 보기도 했을 것이며, 때로는 돌발적인 행운을 경험했을 수도 있다. 하지만 과거는 이미 지나갔다. 그리고 지난날들을 위해 사는 이는 없을 것이다. 그래서 연말에는 숱한 아쉬움을 과감히 지워버리고 다가올 새해의 소망을 바라며 새로운 삶을 작정하며 설계한다.

농경사회에서는 이른 봄에 그 해 계획을 세웠다. 일찍이 공자의 삼계도에서도 "일생의 계획은 어릴 때 있고, 일 년의 계획은 봄에 있으며, 하루의 계획은 새벽에 있다."라고 가르쳤다. 그러나 오늘날 새해 계획은 그해가 시작되기 전에 미리 세운다. 새해가 되면 당장 실행에 돌입해야 하기 때문이다. 새해 계획에서는 지난해에 작정했던 일들 가운데 무엇이 잘못되고 또 무엇이 부족했는가를 철저히 검토해야 한다. 과거로부터 소중한 교훈을 배울 수 있기 때문이다. 이처럼 지난해의 결산이 전제되어야 새해 계획의 성공 가능성을 높일 수 있다. 지난날의 잘잘못을 검토하고 반성하는 것은 결국 새로운 계획을 세우기 위한 의미 있는 시발점이 된다.

계획, 실행, 그리고 성과의 평가가 경영의 핵심이다. 경영계획은 계획을 짜는 회의나 결과물인 전략보고서가 아니다. 성취해야 할 목표를 결정하고, 그 목표를 실현할 전략 방안을 마련하는 고난도의 작업이다. 전략이란 내가 하는 일과 방식을 남과 차별화해서 더 나은 성과를 달성하는 열쇠다. 따라서 기업이 어디로 가야 하는지와 무엇을 해야 하는지에 대한 통찰이 계획과정에 제대로 담겨있어야 한다. 계획을 수립하는 과정이 매우 중요하고 의미가 큰 이유다. 제2차 세계대전을 승리로 이끈 드와이트 아이젠하워 장군도 "계획plan은 아무것도 아니다. 계획의 과정planning이 전부다."라고 강조했다.

전략은 경쟁에서 이기는 방법에 관한 것이다. 전쟁이나 정치는 언제나 한쪽이 이기면 상대방은 반드시 지는 제로섬 게임이다. 그러나 사업에서의 경쟁은 다르다. 하나 이상의 승자가 얼마든지 있을 수 있다. 또한 경영전략은 불특정 다수 경쟁자와의 상호작용적 성격을 지니므로 매우 복잡하다. 내가 하는 일이나 방식에 상대방이 어떻게 반응할 것이냐를 다루기 때문이다. 더군다나 경영환경의 미래 변화를 예측하기 힘든 역동적인 시장 상황에서는 차별적인 경영전략을 수립하기가 더더욱 어렵다. 급속한 기술변화와 경쟁자의 치열한 반격으로 차별화의 이점도 종종 쉽사리 사라지곤 한다.

요즘 기업에서는 새해의 경영계획을 수립하느라 매우 분주하다. 사업전략을 짜기 위한 전사적 회의를 열기도 하고, 경영전략을 마련할 특별 조직을 별도로 운영하기도 한다. 새로운 경영환경의 변화를 예측하고, 새로운 사업과 전략을 준비하여, 목표 달성을 위한 방안을 구체화하기 위함이다. 그러나 시장의 불확실성이 계획의 수립과 실행에 늘 걸림돌이다. 아무리 노력해도 최적의 계획을 논리적으로 정교하게 수립하는 것 자체가 불가능할 수도 있다. 이러한 까닭에 계획과정에서 단순한 의사결정시스템을 선호하기도 한다.

'그럭저럭 헤쳐가기'란 의사결정 이론이 있다. 정치학자 찰스 린드블럼이 제안한 접근방식이다. 확실한 근거가 없더라도 몇 가지 한정된 대안 중에서 현재 최선의 방안으로 보이는 것을 여러 사람의 합의를 기반으로 선택하는 것이다. 오로지 현재의 정보만을 고려해 의사결정을 내리는 훈련이 필요한 과정이다. 그래서 '그럭저럭 헤쳐가기'는 그저 직감에만 의지하는 비체계적인 방법으로도 여겨진다. 하지만 직감도 그냥 생기는 것이 아니라 의식 아래 저장된 수많은 정보를 바탕으로 나온다.

영국의 경제학자 존 케이는 『우회전략의 힘』에서 초창기 가족기업이었던 월마트를 '그럭저럭 헤쳐가기'의 사례로 제시했다. 샘 월튼이 월마트 첫 매장을 벤톤빌에 오픈한 것은 그곳이 그가 사는 곳이었고, 아내가 대도시로 이사하는 것은 원하지 않았기에 두 번째 매장 또한 더 작은 도시에 오픈했다는 것이다. '다른 업자들이 아무도 신경 쓰지 않는 작은 시골 마을에 괜찮은 크기의 가게를 여는 것'이 월마트의 핵심 전략이 된 것은 '그럭저럭 헤쳐가기'의 결과로 여겨진다.

'그럭저럭'이란 표현을 좋아한다. 국어사전은 그 뜻을 '충분하지는 않지만, 어느 정도로'라고 풀이한다. 근황을 묻는 지인들에게 '그럭저럭 지내고 있습니다.'라고 대답할 때가 많다. 특별히 하는 일도 없거니와 별로 내세울 것도 없기 때문이다. 그렇다고 해서 생각 없이 대충 산다는 뜻은 전혀 아니다. 덴마크의 철학자 쇠렌 키르케고르는 "인생이란 지나온 일들을 살피고 그것을 바탕으로 미래를 사는 것"이라고 했다. 다가오는 새해에 할 일들을 '그럭저럭' 살펴봐야겠다.

(2023.12.18.)

경영의 창으로 본 세상 2

02

우리 경제는 지금 빙하기에 놓여있다.

경제의 걸림돌에 경제 한파의 해답이 있다

혹한 속 귀경 전쟁이 끝났다. 제주를 비롯한 일부 지역에서 귀성객들의 발길을 붙들었던 악천후도 정상으로 돌아왔다. 그러나 새해 덕담이 오가는 도중에 날아든 난방비 고지서로 국민들이 충격에 휩싸였다. 이번 설은 어느 해보다도 더 추운 명절이 되었다. 더군다나 이달의 맹추위로 많은 이들이 2월에 난방비 폭탄을 맞을까봐 크게 걱정한다.

우리 경제에도 혹독한 한파가 찾아왔다. 지난해 고물가, 고금리, 고환율의 3고高 현상이 심화되면서 여러 경제 위기 요인이 동시에 작용하는 소위 복합위기를 경험했다. 올해 초에 하나금융경영연구소는 2022년 3고 현상의 파급효과가 확대되면서 올해는 3고苦의 후폭풍이 몰려 올 것으로 예상했다. 경기여건의 악화, 신용위험의 증대, 구조변화에 따른 불확실성이 그것이다. 글로벌 경제 둔화 속에서 우리 기업들은 이미 심각한 실적 악화를 경험하고 있다.

많은 기업들은 올해 경제 여건이 더욱 어려워 질 것으로 보고 있다. 복합 위기가 최소한 1년 이상 지속될 것이라고 예상하고 있는 가운데, 장기 불황을 뜻하는 '영구 위기Permacrisis' 경고까지도 나온다. 우리 경제에 혹독한 겨울이 닥친 것이다. 그 여파로 취업시장에도 한파가 몰아치고 있다. 채용을 중단하거나 축소하는 기업이 크게 늘어나고 있다. 대기업의 시설 투자도 축소될 것이라고 한다.

이처럼 우울한 경제 상황을 반영하듯 우리 정부의 올해 경제 성장률 전망치는 1.6%에 그친다. 국내외 주요 기관들도 예외 없이 비슷한 수치를 제시한다. 1980년 오일쇼크를 비롯한 네 차례의 외부 충격을 제외하면 산업화 이래 가장 낮은 수치다. 최악의 경제 상황이 예상된다. 우리 경제가 바야흐로 빙하기에 놓인 것이다.

과연 경제 한파를 헤쳐 나갈 방도는 없겠는가. 그 해답은 우리 경제의 걸림돌에서 찾아야 한다. 조윤제 서강대 명예교수는 우리 경제의 근본적 문제는 개도국 수준에 머물고 있는 경제외적 기반에 있다고 보았다. 사회전반의 지식수준과 합리성, 제도와 조직 운영의 효율성, 인사보상 시스템, 사회질서, 정치 행태 등 경제외적 기반이 선진국에 전혀 미치지 못하는 것이 문제라는 것이다. 따라서 사회 전반에 대혁신이 일어나야 우리 경제가 활로를 찾게 된다고 말한다. 나아가 국익을 앞세우는 생산적 정치풍토와 성숙한 시민의식이 급선무라고 강조한다.

그렇다면 기업들로서는 어떤 대응책을 강구해야 할까. 가장 먼저 그리고 손쉬운 것은 비용을 절약하는 것이다. 그래서 이미 많은 기업들이 대대적 비용절감에 들어갔다. 각종 비효율을 제거하고 비용을 절감하기 위해 전쟁 상황실war room을 운영하는 기업까지 생겨났다. 절약으로 불황에 대처하려는 것이다. 하지만 절약은 쉽지 않고 분명 한계가 있다. 구성원들의 부단한 실천과 엄청난 노력이 요구된다. 절약 정신이 회사가 추구하는 가치가 되어야 비로소 효과를 낼 수 있다.

아마도 절약 정신의 대표 주자는 아마존Amazon일 것이다. 이 회사가 말하는 절약이란, 단순히 비용을 아끼거나 더 저렴한 것을 추구하는 것을 의미하지 않는다. 아마존은 항상 낭비적 요소를 찾아 그것들을 제거하는 방법을 꾸준히 고민한다. 절약 정신과 행동이 회사의 모든 구성원들의 몸에 배어 있어서 그들이 지향하는 가치의 일부가 되어 있다.

극한의 고난 속에서도 사람에게 용기를 주는 것은 '가치'에 대한 확신이다. 그러므로 우리 국가와 기업들이 당면한 경제 혹한을 이겨내려면 반드시 가치를 재정립해야 한다. 글로벌 스탠다드 연구원의 전성철 원장은 '세계화의 가치'로 재무장해야 한다고 강조한다. 세계화의 도정이 끝나고 세계 경제가 '블록화'하고 있는 이때, '글로벌 스탠다드'인 시장성, 투명성, 다양성, 문화성이라는 네 가지의 가치가 확고하게 정립되어 있어야 된다는 것이다.

이달 중순 경제사절단을 이끌고 아랍에미리트UAE를 방문한 윤 대통령이 300억 달러약 37조 원 규모의 투자를 약속받고 돌아왔다. 상상을 초월하는 엄청난 성과다. 어떤 상황에서도 약속을 지켰던 우리 기업들의 꾸준한 노력이 큰 빛을 발했다. 고난과 역경에도 불구하고 계약을 철저히 준수한 우리 기업들을 UAE가 높이 평가한 결과라는 것이다. 글로벌 신뢰와 지지를 받는 우리 기업들이 정말 고맙고 자랑스럽다.

우리 고장에도 신뢰 경영으로 존경받는 기업인들이 많다. 그 가운데 올해 '서상돈상賞'을 수상한 삼익THK의 진영환 회장이 돋보인다. 바른 길正, 최상의 품질과 서비스精, 그리고 인간 존중의 마음情을 모은 '3정'의 기업문화로 고객, 직원, 지역사회로부터 신뢰를 얻어 숱한 경영 위기를 극복했다고 한다.

신뢰를 구축하고 기본과 원칙을 지키면 태산준령도 반드시 넘는다. 빙하기에 놓여 있는 우리 경제가 어려움을 이겨내고 재도약하는 것도 마찬가지다.

(2023.01.30.)

경영의 창으로 본 세상 2

03

위기의 우리 경제, '짠테크'가 답일까?

알뜰 소비만이 해답이 아닌 이유

나라경제가 위기다. 이미 퍼펙트스톰초대형 복합위기이 시작되었을지도 모른다. 스태그플레이션은 기정사실로 여겨지고 있다. 내수 경기가 악화되고, 물가는 크게 올랐다. 전기료와 가스요금 등의 인상은 물가를 더욱 부채질하고 있다. 올 여름 소비자물가는 6%를 기록할 것이라고도 한다. 소비자물가 상승률과 실업률을 더한 '경제고통지수'는 지난 5월 기준으로 21년 만에 최고수준을 기록했다. 우리 경제가 외환위기와 글로벌 금융위기보다 더 센 경제위기 상황을 맞고 있다.

정책당국에서는 물가를 잡기 위한 특단의 대책을 고민하고 있다.

하지만 단기간에 해결되기는 어렵다는 것이 중론이다. 대통령도 "국민이 숨이 넘어가는 상황"이라고 우려할 만큼 우리 경제의 어려움은 심각하다. 내수경기는 물론이고 우리 경제를 먹여 살리는 수출 환경에도 불확실성이 커지고 있다. 한국무역협회는 지난 달 21일 '2022년 상반기 수출입 평가 및 하반기 전망보고서'에서 올해 우리나라의 무역수지는 2008년 금융위기 때보다 더 큰 폭의 적자를 기록할 것이라고 예상했다.

치솟은 물가에 소비지출 부담이 커진 소비자들은 알뜰소비에 눈을 돌린다. 소위 '짠테크짜다+재테크'가 유행이다. 절약을 통해 돈을 모으는 방식인 '짠테크'가 새로운 소비트렌드로 자리 잡고 있다. 온라인 쇼핑몰에서는 반품 제품이나 흠집 등으로 가격을 낮춘 제품이 잘 팔린다. 편의점에서는 할인이 적용되는 구독 쿠폰 서비스가 인기다. 장바구니 부담을 줄일 수 있는 소포장 상품의 구입도 늘고 있다. 유통업계는 물가상승에 대비하여 이미 초저가 경쟁전략에 돌입했다. 대형마트와 편의점도 초저가 PB상품의 도입, 대대적인 세일행사와 함께 농·축·수산물의 직매입 비중을 높이고 있다. 가격을 낮춰서 고객을 잡겠다는 것이다.

기업 차원에서 '짠테크'의 원조는 아마도 토요타자동차가 아닐까 한다. '마른 수건도 다시 짠다.'는 일념으로 원가절감을 외쳤다. 비용절감을 통한 가격우위를 최우선으로 생각했던 방식이다. 물론 비용절감은 매우 중요하다. 그러나 이는 혁신보다는 현 상태의 개선을 중시하는 경영철학으로, 경제위기의 근본 해결책은 아니다. 생산성을 높이고, 경영 전반에 걸쳐 획기적인 변화를 가져와야만 경쟁우위를 실현할 수 있다.

경제위기의 본질을 제대로 파악해야 위기에 제대로 대처할 수 있다. 코로나19로 강화된 '탈세계화'라는 해외 공급 요인이 우리 경제의 인플레이션을 심화시킨 주된 원인이다. 지난 30년 동안 '세계화'의 혜택으로 성장해 온 우리 경제는 '탈세계화'로 심각한 타격을 받고 있다. 수요측면에서 보면 금리인상으로 소비지출을 억제해서 일시적으로 물가를 안정시킬 수 있다. 하지만 통화정책만으로는 해결할 수 없는 대외요인이 우리 경제 위기의 발단이자 핵심이다. 따라서 종합적인 차원에서의 위기 대응이 요구된다.

무엇보다 기본과 원칙에 충실해야 한다. 그것은 나라경제가 경제주체의 생각과 자세와 행동에 달려있다는 대명제다. 위기 극복을 위해서는 기업 차원의 윤리경영이 가장 중요하겠지만, 정부와 개별 가계도 올바른 경제 윤리를 실천해야 한다. 가계에서는 소비지출을 줄이고, 정부도 솔선수범하여 정부지출을 억제해야 한다. 기업은 경영전반의 고비용구조를 혁파해야 한다.

하지만 소비나 비용의 축소보다 시장을 경쟁적 구조로 만들거나 시장을 재정의再定義하는 일이 최우선이다. 기업은 가격인상이나 고용

조정, 투자축소 등 손쉬운 인플레 대응방식을 과감히 버려야 한다. 대신 원가절감과 기술개발을 통한 혁신경영을 지향해야 한다. 기존의 시장 틀에서 벗어나 시장의 판을 뒤집거나 게임 자체를 바꾸는 시장 재정의력을 발휘해야 한다. 정부도 경쟁을 촉진하고, 경쟁을 통해 가격이 내려가는 시장구조를 만드는 정책을 일관되게 추진해야 한다.

인플레이션으로 돈 가치가 떨어지면 국민 모두가 피해를 보게 된다. 하지만 최대 피해자는 양극화의 끝단에 몰려있는 서민들이다. 세입자들이고, 영세 자영업자들이며, 비정규직 근로자들이다. 당연히 이들을 배려하는 국가 차원의 지원 대책이 마련되어야 한다. 동시에 우리 국민 모두가 경제적 고통을 겪는 이웃의 힘든 삶에 눈과 귀를 열고 도움의 손길을 내밀어야 한다. 서로가 서로를 의지할 수 있을 때 우리 경제는 살아난다.

1991년 구소련의 붕괴 당시 회자되던 이야기다. 부자들 가정의 냉장고에는 음식물로 가득 차있는데 또 새 식료품을 밀어 넣어서 이미 들어 있던 것들이 썩는 희한한 일들이 벌어졌다. 물론 가정에서의 무절제한 식료품 낭비가 국가 붕괴의 주된 원인은 아니다. 하지만 절제가 결여된 소비는 나라경제에 엄청난 해악을 끼친다. "절제는 모든 시련에 저항하고 있다는 증거다. … 절제는 인내와 자비와 배려다." 영국의 낭만주의 시인 윌리엄 워즈워스의 명언이다. 지금 우리는 절제하고 있는가. (2022.07.04.)

경영의 창으로 본 세상 2

04

이상한 세상의 수학자가 전하는 메시지

'본디 마음'에서 나오는 발상과 아이디어가 경제문제의 해법

"절망은 희망의 어머니 / 고통은 행복의 스승 / 시련 없이 성취는 오지 않고 / 단련 없이 명검은 날이 서지 않는다.
꿈꾸는 자여, 어둠 속에서 / 멀리 반짝이는 별빛을 따라 / 긴 고행길 멈추지 말라.
인생항로 / 파도는 높고 / 폭풍우 몰아쳐 배는 흔들려도 / 한 고비 지나면 / 구름 뒤 태양은 다시 뜨고 / 고요한 뱃길 순항의 내일이 꼭 찾아온다."

문병란 시인의 시 《희망가》의 일부다. 고물가·고금리·고환율 등

'3고 위기'에 고통을 겪고 있는 우리 모두에게 위로와 용기를 주는 메시지다.

지난 달 6월 기준 경제고통지수가 역대 최고치를 기록했다. 지난주에는 금융통화위원회가 기준금리를 0.5% 포인트 인상하는 빅스텝을 단행했다. 고강도의 금융조치다. 국민 모두가 위기의 나라경제를 크게 걱정한다. 동시에 경제위기에 민생의 방파제가 되지 못하는 정치행태를 염려하고 있다. 정치가 실종되었다고도 한다.

어지러운 세상 속에서도 희망의 소식은 들려왔다. 18세 어린 나이로 국제 피아노 콩쿠르에서 전 세계인을 열광시킨 한국의 천재 피아니스트 임윤찬이 화제다. 결선에서 우승한 그의 연주는 마치 신들린 듯했다. 그야말로 혜성같이 등장한 천재 피아니스트에 폭발적인 반응이 나왔다. 이어서 한국인 최초로 '수학계의 노벨상'이라고 일컬어지는 필즈상을 수상한 천재 수학자 허준이 교수의 성공 스토리도 놀라움과 동시에 한국인의 높은 자부심과 기쁨을 안겨주었다.

허준이 교수는 서울대 석좌교수로 초빙된 히로나카 헤이스케廣中平祐를 만나면서 수학의 매력을 알게 되었다고 한다. 필즈상 수상자로 하버드대학과 교토대학의 교수로 재직한 세계적 수학자 히로나카는 중학교 시절 피아니스트가 되려했지만 연주에서 혹평을 받자 음악가의 길을 단념했다. 대학 3학년이 돼서야 수학의 길을 택했다. 벽촌 장사꾼의 열다섯 남매의 일곱 번째 아들, 유년학교 시험에도 떨어졌다.

대학입시 일주일 전까지 밭에서 거름통을 들었다.

히로나카 교수는 그의 저서 『학문의 즐거움』에서 "수학자에게 제일 중요한 것은 발상이며 아이디어다. 그 아이디어는 문제의 입장에 서서 자기 자신과 문제가 혼연일체, 즉 소심素心의 상태가 되어야 비로소 탄생한다."라고 했다. 연구 문제에 몰두할 때 그는 언제나 소심, 즉 '본디 마음'을 상기했다고 한다. 소심은 상대방의 입장이 되는 것이며 편견과 선입관이 없는 상태다. 상대방과 일체가 되어 생각하면 상상도 못했던 문제의 원인을 발견한다는 것이다.

기업의 마케팅이 바로 그래야 한다. 고객의 입장이 되고, 고객에 대한 편견이나 선입감 없이 고객과 일체가 될 때, 고객의 진정한 욕구wants를 알게 된다. 제품이나 서비스의 문제와 해결 방법을 찾아서 고객의 구체적 요구를 제대로 충족하게 된다. 그 결과 고객은 충성고객이 되어 그 기업을 적극적으로 옹호하게 된다. 이처럼 부족한 것을 갈구하는 고객의 욕구나 염원을 '본디 마음'으로 이해하는 것이 고객 창조와 마케팅의 핵심이다.

히로나카 교수는 연구 문제에 몰두할 때는 반드시 느긋하게 기다리고鈍, 기회를 잡을 행운이 오면運, 나머지는 끈기根를 발휘해야한다고 주장한다. 이와 유사하게 삼성의 창업자 호암 이병철 회장의 생활철학도 운둔근運鈍根이 바탕이었다. 삼성경제연구소가 펴낸 『호암의 경영철학』에서 호암은 "생애의 일대 전기가 되는 … 운運이 다가오기를 기다리는 둔鈍한 맛이 있어야 하고, 운이 트일 때까지 버티어 나가는 근根이 있어야 한다."라고 했다. 그는 운명을 믿었지만 동시에 인간의 책임 의지를 중시했다. 새로운 세계를 향해 창조하고 개척하며 부단히 노력하고, 고난과 역경에 직면해서는 결코 굴복하지 않고 전진하는 용기를 강조했다.

허준이 교수는 필즈상 수상 기념 강연에서 "본질적인 문제들은 우리의 경계를 넘어 설 것을 요구한다."라고 말했다. 그래야 편견을 넘어설 기회를 얻는다고 했다. 히로나카 교수도 연구 문제의 해결에는 넓고, 깊은 사고력과 지혜가 요구된다고 주장한다. 나라경제 문제의 해결도 마찬가지다. 19세기 프랑스 경제학자 프레데릭 바스티아는 "좋은 경제학자와 나쁜 경제학자 사이에는 단 하나의 차이점만 있다. 나쁜 경제학자는 '보이는' 효과에만 매달린다. 좋은 경제학자는 '볼 수 있는' 효과와 '볼 수 있을' 효과, 두 가지 모두를 고려한다."고 말했다.

경제학자들은 늘 한편으로는one hand 긍정적인 측면을 말하고, 다른 한편으로는the other hand 부정적 측면이 있다고 지적한다. 그래서 미국의 제33대 대통령이었던 해리 트루먼은 "어디 외팔이 경제학자는 없느냐"라는 유명한 말을 남겼다. 하지만 외팔이 경제학자는 극히 위험하다. 위기의 우리 경제에는 긍정적 효과를 기대할 수 있으면서 부정적 영향을 최소화하는 '양팔'의 좋은 경제학자가 절실하다.

(2022.07.18.)

경영의 창으로 본 세상 2

05

마음의 경영학

지도자의 마음가짐이 나라 경제를 좌우한다.

연일 우리 경제에 대한 부정적인 전망이 나온다. 국제통화기금IMF은 한국경제가 '저성장-고물가' 기조로 접어들었다고 경고한다. 아시아개발은행ADB, 한국개발연구원KDI, 대외경제정책연구원KIEP 등 주요 기관들도 우리 경제 전망과 물가 흐름을 부정적으로 보고 있다. 우리나라 경제가 초저성장 국면에 진입하고 있다고 한다. 아직도 사전적 의미로는 스태그플레이션이라고 할 수 없지만, 물가 상승과 경기침체를 동반하는 '복합적인 경제위기' 징후를 보이고 있는 것은 분명하다.

새 정부에서도 경제문제를 가장 시급히 해결해야 할 과제로 여기고 있다. 국무총리를 비롯한 내각 구성에서 경제통을 대거 기용했고, 비서실장 후보자까지 정통 경제관료 출신으로 채웠다. 경제 위기대응과 경제 활성화에 총력을 기울이려는 다짐이며, 경제 회복이 가장 시급한 과제임을 보여준다. 코로나19 팬데믹으로 망가진 민생경제와 세계 경기의 후퇴, 물류 대란에 이어 우크라이나 전쟁에 따른 침체인 '워세션War-cession'에 빠질 수 있다는 경고도 나왔다. 경제 주체들의 불안감이 고조되고 있다.

국민의 경제 불안감을 걷어내려면 우리 경제가 나아갈 방향이 구체적이고도 명확하게 제시되어야 한다. 그래야 각 경제 주체가 그에 맞는 대책을 세우면서 위기에 적절히 대응을 할 수 있다. 하지만 대전제는 모든 경제 주체의 '마음가짐'이다. 양심과 열심과 합심의 '마음'을 가져야 한다. 마음과 마음이 합쳐지는 '함께하는 마음'이 경제난국을 극복하는 필수조건이다. 경제학의 비조鼻祖인 아담 스미스도 『도덕감정론The Theory of Moral Sentiments』에서 시장경제의 근원을 공감共感, sympathy으로 보았다. 공감이란 '마음을 함께 한다'는 뜻이다. '보이지 않는 손'이 작동하는 것도 '함께 느끼는 마음' 때문이다.

'마음'의 문제는 비단 국가 경제뿐만 아니라 기업 경영의 핵심 키워드이기도 하다. 기업의 모든 이해관계자는 각자 마음에 따라 움직인다. 그들의 마음이 시장을 만들고, 움직이고, 변화시킨다. 특히 기업 경영자에게는 고객의 마음이 가장 중요하다. 고객의 마음을 읽고, 고객의 마음을 기쁘게 해 주겠다는 정성을 지녀야 살아남는다. 단순히 고객의 욕구만 충족하면 되던 시대는 지나갔다. 고객의 마음과 함께하는 경영을 해야 일류 기업이 될 수 있다. 고객의 마음을 거스르는 어떤 비즈니스도 성공할 수 없다. 기업이 고객의 '마음'에 마음을 써야하는 이유도 바로 이 때문이다.

고객은 상품이나 서비스가 아니라 '행복'을 얻기 위해 자신의 소중한 재화를 사용한다. 따라서 기업은 고객이 무엇으로 행복을 성취하는가를 알아야 한다. 고객에게 편의를 제공하는 것만 아니라 행복감을 높여야 진정한 고객만족이 실현된다. 그러므로 경영은 고객의 보람과 가치, 성취감과 행복감에 중점을 두어야 한다. 당연히 고객의 마음으로 상품을 개발하고, 고객의 마음으로 판매하고, 고객의 마음으로 서비스해야 한다. 이처럼 경영자는 고객의 마음에 기쁨과 행복감을 심어주는 마음의 경영을 해야 한다.

『마음의 경제학』에서 서울대 송병락 명예교수는 "국가와 기업, 가정의 경제가 얼마나 건강하게 되느냐는 사람들의 마음가짐에 달려 있다."고 주장했다. 특히 나라 경제의 발전에는 국가 지도자의 마음가짐이 결정적으로 작용한다는 것이다. 유능한 지도자와 자원이 부족하거나 위기에 처한 나라에서는 더욱 그러하다. 국가 지도자가 국민을 진정으로 위하고 올바른 마음을 지녀야 경제가 살아날 수 있다. 세상의 모든 변화는 마음에서 시작된다. 지도자가 마음을 경영할 수 있다면 위기를 극복하고 세상도 얻게 된다.

'마음'이란 무엇인가? 사전에서는 '사람의 성품과 감정, 의지, 그리고 생각, 관심' 등으로 정의한다. '마음'은 겉으로 잘 드러나지 않아 헤아리기 매우 어렵다. 말과 행동으로 마음을 엿볼 수 있다지만, 말과 행동이 서로 다른 경우도 많고, 또 그것들이 진짜 마음과는 다를 때도 많다. "코와 입 그리고 눈과 귀, 턱밑에 점 하나, 입가에 미소까지 다 그렸지마는, 마지막 한 가지 못 그린 것은 지금도 알 수 없는 당신의 마음." 오랜 정인情人의 마음조차 알기 어렵다는 노랫말이다. 마음은 쉽게 변하기도 하고 표리부동할 때도 많다. 그러기에 사람의 마음을 알아야 하는 경제와 경영은 어렵다. 국민의 마음을 얻어야 하는 국가 경영은 더더욱 어렵다.

국가 지도자는 헌신하는 마음가짐으로 국민의 마음을 제대로 헤아려야 한다. 그래야 민심民心을 얻고, 번영의 목표를 향해 국민을 한 방향으로 이끌 수 있다. 또한 '처음 마음初心'을 끝까지 지켜야 한다. "무릇 지킬 만한 것보다 더욱 네 마음을 지키라. 생명의 근원이 이에서 남이니라." 잠언서의 이 말씀은 영원한 진리다.

(2022.04.25.)

경영의 창으로 본 세상 2

06

워케이션이라니요

본질이 전혀 다른 '일과 쉼'의 조화가 중요한 이유

본격적인 휴가철이다. 많은 이들이 무더위와 일터를 벗어나 가족과 함께 여름휴가를 떠난다. 하던 일을 잠시 내려놓고, 조용히 사색하며, 삶의 여유를 가지는 것은 누구에게나 꼭 필요하다. 몸과 마음의 쉼과 재충전을 위함이다. 선진국에서는 비교적 긴 시간의 휴가가 일상적이다. 오래 전부터 꼼꼼히 계획하여 느긋하게 휴가를 즐긴다. 우리나라의 여름휴가는 매우 짧다. 최근 한국경영자총협회는 올해 직장인 여름휴가 일수는 평균 3.6일이라고 발표했다. 휴가도 '빨리빨리'다.

수년 전 핀란드의 몇 대학을 방문했다. 공식 행사를 마친 후 환담

중에 학교 책임자가 두 달 가량을 스페인의 멋진 별장에서 여름휴가를 보낼 거라고 말했다. 혹시 두 주로 잘 못 들은 것 같아 다시 물어보니 역시 두 달이 맞았다. 그 긴 휴가를 어떻게 지내는지 도무지 상상조차 하기 어려웠다. 그래서인가. 지난 3월 유엔UN 산하 자문기구인 지속가능발전해법네트워크SDSN가 발표한 '2022 세계행복보고서'에서는 핀란드가 '가장 행복한 나라'로 선정되었다. 같은 조사에서 한국은 146개국 중 59위에 그쳤다.

이제 대다수의 국민이 여름휴가를 당연시한다. 나라경제가 아무리 어렵다고 해도 여름휴가는 필수다. 대통령도 이번 주부터 휴가에 들어간다고 한다. 최근에는 새로운 휴가 개념이 등장했다. 일work과 휴가vacation를 조합한 워케이션workcation이다. 휴양지에서 놀면서 일도 하는 형태다. 원격근무가 가능해지면서 별도의 공식적인 휴가철이 아니더라도 호텔이나 리조트 등지에서 일하며 쉬고 즐긴다. 일상의 단조로움에서 벗어나 삶도 일도 즐겁게 하는 것이다. 이처럼 휴양지에서 업무, 숙박, 레저를 함께 즐기는 프로그램을 진행하는 국내 기업들이 늘고 있다.

즐겁게 놀면서 일도 신나게 할 수 있다면 얼마나 좋을까. 하지만 일하면서 동시에 놀이를 함께 즐길 수 있는 방법은 생각하기 어렵다. '노는 것'과 '일하는 것'은 그 목적이나 동기가 엄연히 다르다. 더욱이 놀 듯 일하면 기대한 성과를 달성하기는 어렵다. 고도의 집중력과 사고력, 합리적 판단, 그리고 다른 일과의 연계성을 고려해야 일이 올바르게 되기 때문이다. 놀이의 결과는 '재미'지만 일의 결과인 '성과'는 조직의 운명을 좌우한다. 비합리성이 기본인 '놀이'와 합목적성이 근간인 '일'이 균형 있게 결합되기란 쉽지 않다.

놀이는 노동의 일상에서 벗어난 휴식행위이며 불가결한 보완 요소다. 네덜란드의 인류사학자 요한 하위징아는 인간을 '호모 루덴스Homo Ludens' 즉 '놀이하는 인간'으로 정의했다. 인간의 본질을 '유희'라고 보는 인간관이다. 놀이란 단순히 논다는 말이 아니다. 놀이는 풍부한 상상의 세계에서 다양한 창조 활동을 전개하는 학문, 예술 등 인간의 전체적인 발전에 기여한다. 놀이에는 자유, 상상력, 무관심성, 긴장감 등이 있어서 상상을 현실로 만들어내는 힘이 있기 때문이다. 4차 산업혁명을 이끈 여러 기술들도 이러한 놀이와 유사하다.

우리는 이제 일과 삶의 조화에서 새로운 가치를 찾아내야 한다. 일이 여가, 가족, 봉사와 서로 연결될 때 삶은 높은 가치를 가진다. 이러한 요소들이 의미 있게 통합될 때 균형 있고 만족한 삶을 살게 된다. 탁월한 성과를 이룬 사람들 모두가 가치 있고 행복한 삶을 살아가는 것은 아니다. 일의 내용이나 강도, 그리고 보수가 삶의 가치를 결정하는 것이 아니기 때문이다. 그러므로 '왜 일을 하는가'에 대한 분명한 이해가 있어야 한다. 일은 그 자체로써도 고유한 가치를 지니고 있지만, 일하는 사람의 태도가 일의 가치와 일에서 누리는 기쁨을 결정한다.

'일을 왜 하는지'에 대한 유명한 일화가 있다. 중세 시대 한 순례자가 샤르트르 대성당에서 일하는 두 명의 석공에게 벽돌을 쌓는 일에 대해 물었다. 첫 번째 석공은 "매일 벽돌을 쌓는 일은 고역입니다."라고 말했다. 하지만 두 번째 석공의 대답은 달랐다. "나는 하나님의 영광을 기리는 기념물을 만들고 있습니다." 일에 대한 비전이 일의 의미와 성과를 높이고, 일하는 사람에게는 활력을 준다. 갤럽 조사 결과에 따르면 전 세계 근로자의 13%만이 두 번째 석공과 같은 태도로 일하고 있다고 한다.

우리네 고령층은 대다수가 삶과 일이 어긋난 상황에서 살아왔다. 가난했던 시절에 쉼 없이, 그리고 힘겹게 일했다. 직업은 생계수단에 불과했고, 노동에 대한 헌신은 기대하기 어려웠다. 지금도 일에 대한 인식은 예전과 크게 달라진 것 같지 않다. 많은 직장인들이 여전히 일 때문에 숱한 부정적 감정을 체험하고 있다. 그래서 일터를 즐겁고 행복한 곳이라고 여기지 않는다.

하지만 일은 삶을 풍요롭게 하는 수단이다. 일과 삶의 균형과 여유로운 '쉼'이 절실한 까닭이다. '쉼'의 본질적 의미는 회복과 준비며, 평안이다. 잘 쉬고 즐겁게 일하자.

(2022.08.01.)

경영의 창으로 본 세상 2

07

일방적 소통은 정말 곤란하다

개별적이고 양방향의 즉시적 소통방식이 선호되는 이유

공원 산책길에 벚꽃이 만발했다. 아파트 앞뜰도 온통 하얀 꽃 숲으로 변했다. 우리 고장 곳곳에 핀 벚꽃은 1924년 기상 관측 이래 두 번째로 빨리 개화했다고 한다. 마치 코로나로 지친 몸과 마음을 위로라도 하려는 듯 여러 봄꽃들도 앞 다투어 꽃망울을 터뜨린다. 꽃을 감상하면 마음이 즐겁고 뇌도 활기차고 젊어진다. 두뇌심미학에서는 아름다움을 즐기면 정신 건강에 큰 도움이 된다고 한다. 수년 전 영국의 BBC TV에서 행복 십계명을 방영했는데, 식물을 가꾸며 생활하는 것이 네 번째 계명이었다. 음악이나 미술을 통한 예술치료와 마찬가지로 식물을 키우고 꽃을 가까이하면 치매가 예방되고 알츠하이머병의 치료에도 도움이 된다고 한다. 흐드러지게 핀 벚꽃 아래를 거닐며 공원을 산책하는 사람들의 얼굴에 웃음과 기쁨이 가득하다.

그런데 우리 눈앞에 만발한 것은 예쁜 봄꽃만이 아니다. 길거리를 온통 뒤덮은 여러 종류의 현수막들이 우리의 마음을 짓누른다. 가히 현수막 천지다. 네거리 횡단보도 옆, 어린이 보호구역, 남의 가게 앞 등 장소를 가리지 않고 정치 현수막이 우후죽순으로 걸렸다. 현수막에는 원색적 비난과 자극적인 표현이 즐비하다. 상대 정당을 깎아내리고 무시무시한 정치적 공격까지도 서슴지 않는다. 비난의 욕설과 선정적이고 저질스러운 표현들을 어린 아이들이 보고 배울까봐 걱정스럽다. 여기다가 지역 정치인들이 자신들의 의정 활동을 마치 커다란 치적인 양 과장한 현수막도 자주 보인다.

정치 현수막이 과도하게 등장한 것은 지난 해 연말 개정된 옥외광고물법 때문이다. 정당 현수막을 언제 어디서나 지자체의 허가 없이 개수도 제한 없이 15일간 게시할 수 있도록 법을 바꾸었다. 거의 무제한으로 내걸린 정치 현수막의 내용은 대다수가 국민들의 감정에 어설프게 호소하는 선전과 선동에 가깝다. 효과도 의심스럽고 국민들의 호응을 얻어내기도 어렵다. 오히려 정치의 양극화를 부추겨 정치 혐오감만 높이는 부정적 결과를 가져올 뿐이다. 도시 미관을 해치고 운전자의 교통과 보행자의 통행을 방해한다. 주민들의 평안한 삶에도 부정적인 영향을 끼친다.

그런데도 불구하고 정당들은 현수막 게시가 통상적인 정치활동이라며 오늘도 곳곳에 앞 다투어 내걸고 있다. 정당의 홍보와 선전에 큰 도움이 된다고 믿고 있는 듯하다. 그런데 지난 주 부산에서는 거리를 뒤덮었던 정당 현수막이 사라졌다고 한다. 다음 달 초, 2030 부산엑스포 실사단 방문을 앞두고 여야 합의로 철거했다는 것이다. 현장실사 차 방문하는 외국인들이 정치 현수막 때문에 부산시를 부정적으로 평가하지는 않을까를 염려한 결과다. 대신 부산엑스포 유치를 기원하는 현수막을 곳곳에 내걸었다.

기업에서도 소비자와 이해관계자들과의 소통은 매우 중요하다. 경쟁 기업보다 더 빨리, 더 자주 메시지를 반복해서 내보내어 소통하면 시장이라는 전장에서 승리를 거머쥘 수 있다고 생각해 왔다. 하지만 기업이 일방적으로 걸어오는 소통 채널에 대한 소비자들의 피로감이 높아졌다. 나아가 소통을 통제하거나 주도하려는 소비자들이 많아졌고, 실제로 초연결사회에서는 이것이 가능하게 되었다. 따라서 이제 대중 매체로 소비자를 설득하는 것은 한계에 다다랐다. 일방적인 대중 광고로는 사람을 끌기 어려워졌고 메시지로 설득하는 것은 더 힘들어졌다. 광고와 PR 방식에서 개별적이고 양방향의 즉시적 소통방식으로 전환하고 있다. 종래의 일방적이고 대중적인 소통 방식은 이미 한계에 도달했기 때문이다.

정당 현수막을 비롯한 각종 현수막 홍보나 선전도 그 효과가 매우 의심스럽다. 자극적인 정치 구호와 분란을 일으킬 법한 문구에 사람들이 식상하고 스트레스만 커지고 있기 때문이다. 현수막에 일방적인 주장을 여과 없이 내보내는 일은 어떤 이득이나 효과도 생산하기 어렵게 한다. "선전이 효과를 보려면 반드시 믿음을 얻어야 한다. 믿음을 얻기 위해서는 믿을 만해야 하고, 믿을 만한 것이 되려면 반드시 진실이어야 한다." '흑인민권향상의 투사'란 말을 들었던 전 미국 부통령 허버트 험프리의 말이다. 프랑스의 철학자 자크 엘륄도 "현대적 선전의 목표는 여론을 바꾸는 데 그치지 않고, 적극적이고 절대적인 믿음을 만들어 내는 데 있다."라고 했다. 선전하는 내용이 믿음을 주거나 믿음을 만들어내는 것이 중요하다는 것이다.

지금 걸려있는 각종 현수막이 믿음을 주거나 믿을 만한가. 정답은 '아니오'가 분명할 것이다. '믿거나 말거나' 식의 현수막은 게시자의 일방적인 소통 창구에 불과하다. 정치적 선전 행위나 기업의 마케팅 활동도 쌍방 소통이 되어야 유효하다. 이제 뺑튀기 식의 무분별한 현수막 문화를 끝내야 한다. "우리 정치는 4류, 관료는 3류, 기업은 2류"라고 했던 고 이건희 회장의 말이 마음에 크게 와닿는 요즘이다. 그래도 봄은 또 왔다. 봄꽃들이 아름답게 폈다.

(2023.03.27.)

경영의 창으로 본 세상 2

08

사흘이 4일이라니요

소통의 본질은 상대방의 공감을 얻는 것

OECD 자료에 따르면 우리나라의 '실질 문맹률'은 무려 75%에 이른다고 한다. 우리나라 국민의 10명 중 7명이 우리 글을 읽어도 의미를 제대로 이해하지 못한다는 말이다. '금일'을 '오늘'이 아니라 금요일로, '심심한 사과'를 두고 '사과가 심심했나'라고 알아듣는다. 인터넷에서는 '사흘'이 4일인지 3일인지에 대한 견해가 분분하다. 가결과 부결의 뜻도 헷갈린단다. 문해력 상실의 현실을 생생하게 보여주는 사례다. 우리 말글을 잘 이해하지 못하는 것은 필자와 같은 대학의 교수도 예외가 아닌 듯하다.

유난히도 긴 명절 휴가 기간에 오랫동안 묵혀두었던 단편소설을 꺼내 읽었다. 몇 페이지 넘기지 않아 뜻을 알 수 없는 어휘들을 만난다. 국어사전을 찾아보며 문장의 뜻을 파악하느라 바빴다. 그러다가 전혀 이해할 수 없는 생소한 어휘들로 꽉 찬 정말 난해한 글을 만났다. "그 말이라도 듣자 왠지 복대기던 그의 심사가 단숨에 잔자누룩해져서 배나 채우는 그 음식만 먹으면 물컥물컥 성가신 객수도 설핏해졌다(김원우, 『객수산록』)." 이 글로써 결국 나의 문해력은 부족한 정도를 넘어서서 매우 부끄러운 수준임을 실감했다.

문학 작품에서는 사전을 뒤적거리며 골랐을 법한 무척 어렵고 생소한 어휘들을 자주 만난다. 말과 글을 태깔스럽게 쓰기 위함이 아닐까 생각해 본다. 이런 경우 독자의 문해력에 문제를 제기하는 것은 곤란할 수도 있다. 하지만 일상에서 자주 쓰이는 우리 말글의 뜻을 몰라서 심하게 헷갈린다면 그것은 분명 큰 문제다. 우리 말글을 제대로 이해하지 못하는 '실질 문맹'은 지식 습득은 물론이고, 심각한 의사소통 장애를 일으키기 때문이다. 이렇듯 삶의 기본 도구인 언어능력에 문제가 있다면 삶의 현장에서 숱한 어려움에 직면하게 된다.

교사들을 대상으로 한국교원단체총연합회가 2021년에 실시한 조사에서 응답자의 대다수(73%)가 초·중등 학생들의 문해력이 60점~70점대(C~D등급)에 해당한다고 답했다. 이처럼 낮은 문해력은 학생들이 '유튜브'와 같은 영상매체에 익숙하거나, 독서를 소홀히 한 결과라고 진단했다. 그래서 교육전문가들은 국어 교육에서 한자 교육과 독서를 강조한다. 한국어의 어휘 중 상당수가 한자어로 구성되어 있어서다. 또 디지털 영상매체가 문해력을 떨어뜨리므로 학교 수업에서 디지털기기 수업을 제한하고 종이책을 읽을 것을 권고한다. 과연 이러한 처방이 교육 현장에서 실행 가능한지는 의문이다. 나아가 학생들의 문해력과 언어능력을 높여서 의사소통에 큰 도움이 될 것인지도 미지수다.

기업경영의 핵심 키워드도 바로 소통이다. 상사와 직원, 기업과 소비자 간의 소통 능력이 일의 성패를 좌우하기 때문이다. 기업이 가장 먼저 할 일은 구성원과의 소통이다. 리더가 좋은 의사결정을 내리려면 반드시 동료와 종업원이 어떤 말을 하는지를 잘 들어야 한다. 하지만 그것만으로 기업의 성공을 보장할 수 없다. 고객과의 소통이 가장 중요하다. 고객과 공감하지 못하면 고객의 외면을 받기 때문이다. 따라서 성공을 위해서는 고객의 진정한 바람을 알아내야 한다. 고객과의 소통은 그들의 말을 경청하면서, 그들이 원하는 바를 확인하고, 그들이 바라는 것을 제공하는 최상의 도구다.

소통의 본질은 설득이 아니라 상대방의 공감을 얻는 것이다. 공감이 없이는 어떤 감동도 성공도 기대할 수 없다. 상호 간의 공감과 교감을 도출하려면 먼저 서로의 언어를 명확히 이해해야 한다. 따라서 언어능력이 있어야 관계가 잘 유지되고 강화된다. 문해력 부족으로 우리 말글로 소통이 되지 않는다면 더 이상 문화의 발전도 기대하기 어렵다. 상호 간에 언어 이해가 안 되면 문화의 핵심인 가치관을 공유할 수 없기 때문이다.

소통이란 또한 상대를 이해하고 인정하는 일이기도 하다. 그제야 마음을 열고 서로의 차이를 존중하게 된다. 이 모든 일들이 바로 상대방의 언어를 제대로 이해하는 능력에서 출발한다. 언어능력의 결핍은 당연히 상호존중의 부재로 이어지게 된다. 따라서 어휘력을 길러야 하고, 시간과 장소에 적합한 언어 구사 능력도 개발해야 한다. 나아가 상대방의 말을 잘 듣는 자세, 곧 경청이 중요하다. 경청에는 의도적인 노력이 요구된다. 경청하려는 노력과 언어능력을 갖출 때 비로소 상대방과 공감하게 되며 상대방을 인정하는 긍정적 소통이 이루어진다.

오늘은 577돌 한글날이다. 문화체육관광부가 한글날을 기념해 10월 4일부터 10일까지 '2023 한글 주간'을 개최하였다. '미래를 두드리는 한글의 힘'을 주제로 한글의 가치를 체험하는 다양한 프로그램을 마련했다. 디지털 고도화와 인공지능AI 시대로의 변화 속에 한글이 새로운 미래를 여는 원동력이 된다는 것을 보여주는 여러 가지 행사도 기획했다고 한다. 이 모든 행사와 프로그램이 우리 말글의 문해력을 높이는 데 큰 도움이 되기를 기대한다.

(2023.10.09.)

경영의 창으로 본 세상 2

09

'마음백신'도 맞자

역경과 실패의 삶에서 회복탄력성이 필요한 이유

"걱정 안해가꼬 걱정이 업서지마 말라꼬 걱정하겐능교(걱정을 안 해서 걱정이 사라진다면 무엇 때문에 걱정하겠습니까)." 공원길을 같이 산책하던 동료가 무심결에 내뱉은 이상한 말이다. 요즘 여러 가지 스트레스로 걱정거리가 겹겹이 쌓이는 우리네 삶은 불안과 염려로 가득 차 있다. 코로나 감염자가 다시 급증하고, 물가가 천정부지로 뛰어서 서민들의 삶은 정말 피곤하다. 정치권에서는 쉴 새 없이 비방과 부정의 지저분한 말 폭탄이 연일 쏟아져 나온다. 게다가 지난 주 수도권에는 115년만의 장대비로 물 폭탄까지 떨어져 많은 이재민이 발생했다.

이처럼 고통스러운 일들을 총체적으로 겪다보니 국민들의 걱정이 클 수밖에 없다. 무엇보다도 가장 큰 걱정은 먹고 사는 문제다. 올해 7월까지 소비자물가 상승률은 4.9%를 실현하여 외환위기 이후 24년 만에 최고치를 기록했다. 서민들의 경제적 삶이 피폐하다. 궁여지책으로 '월·화·수 무지출데이'를 시도하는 젊은 부부들이 늘고 있다고 한다. 문자 그대로 일주일 가운데 평일 3일은 교통비 외에 단돈 1원도 쓰지 않겠다는 다짐이다. 불필요한 낭비를 최대한 줄여서 가계의 어려움을 극복해보겠다는 것이다.

걱정이 많기는 기업과 정부도 마찬가지다. 경제위기를 극복하기 위해 지출비용을 줄이려고 안간힘을 쓰고 있다. 눈에 보이는 모든 부분에서 불필요하거나 낭비적인 요소를 찾아서 과감히 없애거나 다른 방법으로 대체해나가려고 노력하고 있다. 하지만 무엇보다도 과거의 관행에서 탈피하여 무無에서 생각하는 사고를 갖추는 것이 가장 중요하다. '지금Now, 여기Here' 차원에서 철저히 따져봐야 한다. 모든 사업을 백지상태에서 경제성을 검토하는 제로베이스 예산방식의 도입이 필요할 것 같다.

그러나 외환위기 때의 '아나바다'식 절약 처방은 효과를 기대하기 어렵다. 지속성이나 실현가능성이 낮아서다. 진정한 회복을 이루려면 눈에 보이지 않는 마음의 근육을 단련해야 한다. 당면한 온갖 역경과 시련을 도약의 발판으로 삼는 힘을 갖추는 일이 중요하다. 회복탄력성

Resilience이다. 연세대 김주환 교수는 자신의 저서 『회복탄력성』에서 소통능력과 긍정적 뇌가 작동할 때 마음의 근력을 만들 수 있다고 주장한다. 어려운 매순간을 긍정적으로 수용하고 대처하려면 좋은 습관이 필요한데, '감사하기'와 '운동하기'가 회복을 위한 능력이 된다고 강조한다.

역경과 실패가 넘치는 삶의 거친 바다를 지나려면 누구에게나 회복탄력성이 필요하다. 기업과 정부도 예외가 아니다. 모든 조직은 언제나 변화에 따른 위기와 역경을 만나기 때문에 회복탄력성은 조직의 성공에도 필수적이다. 회복의 관건은 리더 자신과 조직구성원의 마음 근력을 지속적으로 강화하는 것이다. 이해관계자들과의 관계에서 마음의 근육을 단련하는 일도 필요하다. 따라서 리더는 모든 구성원이 마음의 근력을 제대로 단련하도록 적극 도와주어야 한다. 리더십에서 회복탄력성이 중요한 까닭이다.

우리의 삶은 염려와 불안의 연속이다. 환경, 인간관계, 직장, 친구, 가족, 돈, 건강, 식생활 등 여러 가지 이유로 불안과 걱정이 우리를 궁지로 몰아넣는다. 안타깝게도 현실은 이를 해소하는데 충분한 시간을 할애하기 어렵다. 그러나 걱정과 불안을 제대로 관리하지 않으면 심각한 문제가 초래된다. 이것들은 생각보다 독성이 강하기 때문이다. 따라서 마음의 근력을 강인하게 만들어서 걱정과 불안을 훌훌 털고 일어서야 한다. 마음의 근육을 단련시켜야 할 이유다.

미국심리학회APA는 마음을 단단하게 만드는 세 요소로 관계구축, 셀프케어Self-Care, 삶의 의미를 제시한다. 관계구축은 자신을 위해주는 사람들과 좋은 인간관계를 만들고 유지하는 것이다. 셀프케어란 부모가 자신의 어린 아이를 돌보듯 내가 미숙한 나를 세심하게 보살피는 것이다. 끝으로 자신의 삶이 의미 있다고 생각하는 행복한 순간들을 찾는 긍정의 자세가 마음의 근력을 강하게 한다는 것이다. 이와 유사하게 하버드 의대의 게일 가젤 교수는 『하버드 회복탄력성 수업』에서 마음의 근육을 여섯 가지 키워드로 정리했다. 대인관계, 유연성, 끈기, 자기조절, 긍정성, 자기 돌봄이다. 한마디로 요약하면 '이기적'이 아닌 '건강한' 자존감自尊感을 높이는 일이다.

자존감이 바로 마음의 근육이다. 누구나 자신이 잘할 수 있는 일을 즐기며, 남을 도울 때, 자신을 가치 있는 사람으로 느끼며 존재감을 유지하게 된다. 건강한 자존감은 우리를 삶의 위험으로부터 보호해주는 면역력이 되기도 한다. 자존감으로 마음의 상처, 불안과 걱정, 위험으로부터 자유를 누릴 수 있기 때문이다. 이렇듯 자존감은 크고 작은 걱정거리에도 언제나 의연히 웃을 수 있게 하는 마음의 백신이다.

오늘도 지인들과 함께 공원길을 걷는다. 삶의 방역을 위한 '마음백신'이 필요해서다.

(2022.08.15.)

경영의 창으로 본 세상 2

10

청소는 모든 일의 기본이다

청결, 정리, 정돈의 생활화가 비즈니스의 기본 철학

축제, 집회, 유명 관광지에 널려 있는 쓰레기가 국회 본회의장 안에도 있는 줄은 정말 몰랐다. 지난주 국회 본회의장에서 야당 의원이 대정부질문을 하는 여당 위원을 '북한에서 온 쓰레기'라고 외쳤다. 이 막말로 정치권이 매우 소란스럽다. '쓰레기'로 지칭된 여당 국회의원이 막말의 당사자인 야당 국회의원을 출당시키고 의원직을 박탈해야 한다고 주장하며 단식 농성 중인 야당 대표를 직접 찾아가 조치를 요구했다. 경위야 어떻든 동료 국회의원을 쓰레기라고 원색적으로 비난한 것은 국민을 대변하는 국회의원의 올바른 언사로 보기는 어렵겠다.

진짜 쓰레기는 정말 심각하다. 우리 주변에는 언제나 어디서나 생활 쓰레기가 넘쳐난다. 며칠 전 두류공원에서 열린 치맥페스티벌에서는 관람객들이 먹다가 버린 엄청난 양의 쓰레기가 다음 날 아침까지 늘 부러져 아침 산책을 나온 시민들의 눈살을 찌푸리게 했다. 관광객이 몰려드는 전국 유명여행지에서도 사정은 마찬가지다. 중국 간식인 탕후루를 먹고 꼬치를 길거리에 아무렇게나 버려서 주민들이 큰 고통을 호소하고 있다. 물론 쓰레기를 버릴 곳을 찾지 못해서 그럴 수도 있었을 것이다. 하지만 아이들은 쓰레기통이 바로 곁에 있는데도 놀이터 마당에 아무 생각 없이 쓰레기를 버린다. 이처럼 모든 쓰레기는 자신이 잘 처리해야 하는 당연한 기본행동들이 사라지면서 쓰레기가 온통 넘쳐나고 있다. 그 결과 처리비용과 위생 문제, 환경 오염 등 심각한 피해가 발생하고 있다.

관광객은 물론이고 일반 시민의 쓰레기 처리에 관한 의식도 여전히 소극적이다. 자신이 만든 쓰레기를 말끔히 청소하는 청결 문화가 제대로 정착되지 않은 탓이다. 심지어 고속도로 주변에 자신이 가져온 쓰레기를 버리거나, 주택가에서 쓰레기를 집 밖에 불법 투기하는 일도 여전하다. 그런데 극단의 이변이 등장했다. 최근 20만 명이 모인 전국 교사 집회에서는 집회 현장의 질서 유지는 물론이고, 행사 후 쓰레기 처리도 완벽할 정도였다고 한다. 우리 교사들의 높은 품격에 이 나라

공교육의 장래 희망을 보았다. 공공장소에서의 청결을 위한 노력은 바로 자신의 인격을 나타내는 지표이기 때문이다.

지구가 썩지 않는 플라스틱 쓰레기로 고통받고 있다고 한다. 인간이 배출하는 수많은 쓰레기가 부메랑이 되어 인간을 비롯한 지구생명체의 생존을 위협하고 있다. 환경악화와 기후변화가 심해지자, 기업도 환경 보호와 기후변화에 대한 책임을 강력하게 요구받고 있다. 기업은 전세계 인류의 지속가능성과 생존을 위해 과감한 탄소배출 절감, 한발 더 나아가 탄소 제로화를 추구해야 한다. 또한 환경 오염 완화를 위한 자원 및 폐기물 관리, 더 적은 에너지와 자원을 소모하는 에너지 효율화에도 더욱 힘써야 한다. 하지만 근래 많은 기업이 ESG 경영을 천명하고 환경 보호에 숱한 노력을 기울이고 있는데도 쓰레기 배출량은 여전히 줄어들지 않는다.

환경 오염의 문제는 이처럼 매우 심각하다. 따라서 개인은 물론 기업도 쓰레기를 줄이는 노력을 하고, 회사를 청결하게 유지하며, 정리, 정돈을 생활화해야 한다. 그리고 이것이 비즈니스의 기본 철학이 되어야 한다. 사업가들은 거래처를 방문할 때 주로 화장실부터 꼼꼼히 둘러본다고 한다. 화장실이 청결한 회사는 거래처와의 관계도 깨끗하여 신뢰할 수 있는 파트너라고 여기기 때문일 것이다. 화장실이 지저분한 식당에서 깨끗한 음식을 기대할 수 없는 것과 같은 이치다.

『청소가 인간을 바꾸고 회사를 살린다』에서 야마모토 겐지는 “청소는 자기 자신을 비추는 거울이며 도道와 통한다."라고 했다. 더러운 공장에서는 당연히 더러운 제품만을 생산해 낸다는 것이 그의 지론이다. 그래선지 일본의 대다수 공장에서는 오래전부터 '정리, 정돈, 청소, 청결, 습관화'의 일본식 발음의 영문자 첫 낱말 S자를 모은 '5S 운동'이 잘 정착되어 있다. 바르게 일하기 위해서는 깨끗한 작업 환경을 갖추는 것이 무엇보다 중요한 까닭이다.

'일본 경영의 신'으로 추앙받는 마쓰시타 고노스케는 청소의 미덕을 가장 강조한 기업가다. 그는 "청소는 모든 일의 기본이며, 정치개혁에도 청소의 정신이 필요하다."라고 주장했다. 그가 나라를 경영할만한 지도자를 육성하기 위해 설립한 정경숙政經塾에 입소한 사람들은 예외 없이 자신의 방 청소와 정리 · 정돈은 반드시 스스로 해야 하는 엄격한 규칙을 지켜야 한다. 마쓰시타 고노스케는 "청소를 잘할 수 없는 사람은 세상의 어떤 일도 잘할 수 없다."라고 단언했다. 청소란 결코 하인이나 해야 하는 저급한 일이 아니라, 지도자가 자신을 드러내는 일이라는 것이다.

환경부에 따르면 지난해 하루 평균 쓰레기 배출량이 50만 톤을 넘어섰다고 한다. 추석 연휴 기간에는 배출량이 무려 20%나 더 늘어난다고 한다. 올해는 쓰레기 걱정 없는 청결한 추석 명절을 지낼 수 있을까.

(2023.09.11.)

경영의 창으로 본 세상 2

11

걷기가 행복감을 높인다

습관적으로 걷는 행위가 큰 이득인 이유

몇 가지 우울한 최근 통계다.

#1. 이 달 20일 통계청이 펴낸 '국민 삶의 질 2022' 보고서에서 우리 국민이 매긴 지난 3년 삶의 만족도는 평균 5.9점(10점 만점)이었다. 경제협력개발기구OECD 38개 회원국 평균인 6.7점보다 0.8점이나 낮다. 최하위권이다.

#2. 국회 미래연구원이 연 초에 발간한 '2022년 한국인의 행복조사 주요 결과 및 최근 3년간 동향보고서'에 따르면 대구 시민들의 행복감은

7개 특별·광역시 가운데 6번째로 낮은 것으로 나타났다. 부산이 가장 높았고, 대구보다 낮은 곳은 인천이 유일하다.

#3 지난 달 고용노동부가 발표한 '2021년 기준 지역별 일·생활 균형지수'에서 대구는 10위를 기록하며 중위권에 그쳤다. 경북은 18위로 전국 꼴찌를 기록했다.

지역 주민의 행복감과 삶의 만족도는 삶의 질에 달려있다. 일과 삶의 균형은 삶의 질과 행복감에 큰 영향을 미친다. 일상생활에서의 여러 가지 활동도 행복감을 결정하는 중요한 요소다. 행복한 사람은 행복한 활동을 자주하는 사람들이기 때문이다. 부자가 가난한 사람보다 행복할 수는 있지만 돈이 행복의 주된 원인은 아니다. 진정한 행복은 소유가 아니라 경험을 통해 이루어지는 법이다.

서울대 심리학과 최인철 교수는 『굿 라이프』에서 일상의 많은 경험이 주는 행복감을 측정하여 '행복 칼로리 표'를 만들었다. 재미와 의미라는 두 가지를 기준으로 4분면에 일상의 활동들을 표시했다. 두 가지 모두가 높은 영역에 속한 활동의 경험이 행복감을 높인다고 설명했다. 가장 큰 행복감을 주는 활동은 여행이었다. 여행은 같이 먹고, 수다를 떨고, 걷고, 노는 행위가 한꺼번에 일어나는 행복 종합 선물 세트라는 것이다. 이어서 운동, 걷기, 사교활동 등이 행복 칼로리가 높은 활동으로 나타났다.

특히 걷기의 중요성은 오랜 역사에 걸쳐 검증되었다. 아리스토텔레스는 걸으면서 토론하는 것으로 유명하다. 『열 번의 산책』에서 에디스 홀은 아리스토텔레스가 62년의 생애 동안 제자들과 함께 그리스 땅 수천 킬로미터를 돌아다녔을 것이라고 짐작했다. 히포크라테스는 "걷기는 가장 좋은 약"이라고 했고, 철학자 니체도 "걸으며 생각한 것만이 가치가 있다."고 했다. 장 자크 루소도 "다리가 움직일 때만 뇌가 작동한다."라고 말했다.

최근에는 걷는 인구가 폭발적으로 늘어나고 있지만, 걷는 것이 행복감을 가져다준다는 것을 알게 된 것은 그리 오래되지 않다. 원래 걷기는 이동 수단에 불과했다. 걷기가 자전거나 자동차 같은 현대적 이동 수단으로 대체되면서 사람들은 걷기를 멀리했다. 걷기가 이동 수단에 국한되지 않고 여러 가지 유익이 있다는 사실은 뒤늦게 밝혀졌다. 걷기는 현대인의 질병 중 90%를 치유하며 사유와 정신건강에도 좋다고 한다. 천천히 산책하는 것은 여유의 표상이며 소소한 즐거움이 되기도 한다.

『걷기의 세계』에서 더블린 트리니티 칼리지 뇌연구 교수 셰인 오마라Shane O'Mara는 정기적으로 걷는 행위는 개인과 사회 전반에 큰 이득을 제공한다고 주장했다. 규칙적인 걷기는 다양한 방법으로 우리의 사고, 감정, 창의성을 개선시키고 동시에 건강을 증진시켜 준다는 것이다. 그는 도시를 새롭게 디자인할 때 'EASE'라는 단어를 고려해야 한다고 강조한다. 접근성Accessible, 안전성Safe, 즐거움Enjoyable과 함께 무엇보다도 '걷기가 쉬어야Easy'한다는 것이다.

이처럼 도시의 활력과 매력은 걷기에서 찾을 수 있다. 한국경제신문의 허원순 논설위원도 최근 '2023 걷기 예찬' 제하의 칼럼에서 두 가지 중요한 제안을 했다. 첫째는, 지방자치단체가 좋은 '걷기코스'를 적극 개발하고 안전시설을 잘 갖추어야 체감형 자치행정이 된다는 것이다. 그래야 지역경쟁력이 제고되고 시민 만족도도 따라 온다는 것이다. 둘째는 의료보험료를 할인해주는 '건강보험 걷기 인센티브' 제도의 도입을 주장했다. 걷기로 건강 증진을 유도하면 건강보험공단 지출 부담이 줄어들 수 있다는 것이다.

기업에서도 걷기는 중요하다. 종업원들이 자유롭게 움직여야 신체적, 정서적 건강은 물론이고 창의력과 생산력도 높아진다. 며칠 전, 집 앞의 생협 가게에서 '걷기챌린지' 이벤트를 알리는 메일을 보내왔다. 일정 걸음 이상을 걸으면 생수를 증정한다는 것이다. 회원들의 건강과 삶의 질을 높이려는 행사다. 어떤 마케팅 이벤트보다 효과적이며 바람직하게 여겨진다.

걷기는 누구나 쉽게 할 수 있다. 자연에서 규칙적으로 걷는 것은 사람만이 누릴 수 있는 축복이다. 특별한 목적을 위한 사회적 걷기도 있지만, 아무런 목표 없이 혼자서 느릿느릿 걷는 것도 좋다. 윤동주 시인의 《새로운 길》을 되뇌며 오늘도 지인들과 함께 길을 걷는다.

"내를 건너서 숲으로 / 고개를 건너서 마을로 / 어제도 가고 오늘도 갈 / 나의 길 새로운 길 (후략)"

(2023.02.27.)

12

'제정신'을 지킵시다

'사람다움'은 기업에서도 소중한 자원

안전하고 평안한 삶을 살아가기가 점점 더 힘들어진다. 분명 경제는 발전했고 살림 형편은 이전보다 나아졌는데도 '더 잘 사는' 것은 아닌 듯하다. 삶의 질은 먹고 살기조차 힘들었던 시절보다 오히려 더 떨어졌다고 한다. 소음과 먼지를 비롯한 여러 가지 환경 오염 때문에 먹고 마시는 일은 물론이고 숨쉬기조차 수월찮다는 것이다. 여기에다가 상상을 초월하는 폭력과 범죄가 우리의 안전을 위협하고 불안감을 높인다.

불특정 다수에게 가해지는 무차별적 폭력이 다시금 심각한 사회문제로 등장했다. '이상 동기異常 動機 범죄'다. 지금까지 '묻지마 범죄'로도 불려 왔던 것인데, 가해자나 가해 동기, 가해 방식을 종잡을 수 없다. 무차별적으로 폭력이 행사되어 많은 이들이 불안과 위협에 직면하고 있다. 여러 가지 증오로 인해 범죄가 발생하기도 하지만, 때로는 호기심으로 모방범죄를 저지르기도 한다. 교사들을 극단적 선택으로 내몬 교권 침해, 마약과 음주 운전사고, 스토킹 범죄, 학교 내 학생폭력, 신체적 약자에 대한 조롱과 폭력행사, 가족 간의 상해사고, 주유소에서 주유기에 방화하는 등 그 행태도 매우 다양하다.

모든 범죄의 동기는 매우 복잡하다. 분명한 것은 어떤 범죄라도 가해자가 '제정신'이 아닌 상태에서 발생한다. 무엇이 우리를 '제정신'에서 이탈하게 하는가. 최근 확대일로에 있는 마약 중독이나 지나친 폭음, 경제적 곤란, 사회적 단절, 지나친 스트레스 등이 원인으로 지적된다. 하지만 근원적으로는 '사람다움'의 상실이 '제정신'의 이탈을 가져온다. '제정신'이란 올바른 판단 능력이며 마음의 바른 자세나 태도다. '사람다움'을 회복해서 돌아온 자기 본래의 바른 정신이다.

'사람다움'이란 무엇인가. "사람이 사람이라고 다 사람이냐? 사람이 사람다워야 사람이지!" 영화 《조폭 마누라 3》에 등장한 '사람 인人자 여섯 개가 나란히 쓰인 액자'의 글귀 풀이다. 우리의 전통문화에서 '사람다움'의 자격은 '어질다'라는 뜻의 인仁이다. 그것은 사람이 자신이 처한 조건에서 삶을 더 낫게 가꾸려는 희망과 자세와 노력을 뜻한다.

이타심과 겸손함 나아가 타인의 아픔에 민감하게 반응하는 마음도 바로 여기서 나온다. 다산 정약용은 '사람답다'라는 것은 사람이 자연적 · 사회적 역할을 적극적 수행하는 것이라고 했다.

사람답게 살기 위해서는 공정公正과 신상필벌信賞必罰의 영역인 의義가 제대로 정립되어 있어야 한다. 여기에다가 사람 사이의 기본관계인 예禮 · 지智 · 신信 등도 제대로 갖춰져야 인과 의가 균형을 유지한다. 먼저 예가 바르게 지켜져야 한다. '사람다움'이란 일상생활에서 다른 사람을 대하는 예의와 질서를 실천하고 법규를 철저히 준수하는 것이기 때문이다. 삶의 현장에서 기초질서가 무시될 때 대형사고나 재난, 폭력과 범죄 등이 발생하는 경우를 흔히 보게 된다.

누구보다도 먼저 우리 사회의 지도자들이 '제정신'을 지녀야 한다. 지도자는 타인을 관리하며 동시에 자신도 잘 관리해야 한다. 따라서 지도자는 올바른 판단 능력과 긍정적이고 적극적인 자세와 태도를 가져야 한다. 나아가 지도자는 구성원이 겪는 괴로움과 아픔을 자신의 것으로 여기고 그것을 극복하고 해결하려는 간절한 심정을 지녀야 한다. 그래야 진실로 '제정신'이 있는 지도자로 인정된다.

기업에서도 구성원들의 '제정신'이 흐트러져 있으면 사소한 무질서가 방치된다. 그리고 그곳에서부터 반드시 큰 문제가 발생한다. 소위 '깨진 유리창' 이론이다. 따라서 경영자는 효율이나 능률을 살피기 이전에 반드시 구성원들의 정신부터 점검해야 한다. 기업의 가장 소중한 자원은 사람의 정신이며 품성이기 때문이다.

『내가 정말 알아야 할 모든 것은 유치원에서 배웠다』에서 로버트 풀검은 유치원에서 배운 지혜를 이렇게 풀어놓았다. “무엇이든 나누어 가지라. 공정하게 행동해라. 남을 때리지 말라. 사용한 물건은 제자리에 놓아라. 자신이 어지럽힌 것은 자신이 치우라. 내 것이 아니면 가져가지 말라. 다른 사람을 아프게 했다면 미안하다고 말하라.”

경제 대국에 살며 스스로 선진국 국민이라고 믿고 있는 우리는 어떻게 행동하는가. 쓰레기를 아무렇게나 버리고, 교통신호를 마음대로 무시하고, 약자를 조롱하며, 선생님을 경시하며 희롱하고, 어른을 어른으로 대우하지 않고 무시하고 있는 것은 아닌가? 연초에 대통령은 “산업현장 불법을 놔두면 그게 국가냐”라고 일갈했다. 맞는 말이다. 하지만 국가지도자는 “기초질서가 무너지면 그게 국가냐”라는 물음을 언제나 반드시 물어야 한다. 기초가 무너지면 모든 것이 무너질 것이기 때문이다.

결국 우리의 미래는 기초질서와 기본윤리를 지키고 가꾸려는 ‘제정신’에 달려있다. 어떤 범죄도 ‘제정신’을 지키면 예방된다. 이처럼 진짜 소중한 것은 언제나 눈에 보이는 것 너머에 있는 우리의 정신이다.

(2023.09.25.)

4부

변혁 시대의 아포리아#

아포리아Aporia : 해결방도를 찾을 수 없는 난관의 상태.

내 비밀은 바로 이거야. 정말 간단해.
마음으로 볼 때만 진정으로 볼 수 있어.
가장 소중한 것은 말이야. 눈에 보이지 않거든.
- 생텍쥐베리 Antoine Marie De Saint Exupery, 『어린왕자』

한 해의 가장 큰 행복은 한 해의 마지막에서
그 해의 처음보다 훨씬 나아진 자신을 느낄 때이다.
- 톨스토이 Lev Nikolayevich Tolstoy

경영의 창으로 본 세상 2

01

가정의 달에 가족의 의미를 다시 생각하며

가족이 평안한 삶을 살아갈 수 있는 자유가 가장 소중하다

공원 산책길에서 우연히 마주친 공익광고 문구가 눈길을 끈다. '나에게도 가족이 있으면 좋겠다.'라는 손 글씨가 현수막에 씌어져 있다. '아이들에게 따뜻한 가족이 되어주실 위탁가정을 모집합니다.'라는 글귀도 덧붙어 있다. '따뜻한' 가족이라는 표현이 중언부언처럼 느껴졌다. 가정과 가족은 본래 따뜻하고 안전한 곳이 아니었던가. 굳이 '따뜻한'이란 수식어는 왜 붙였을까. 아마도 가족에게 안식처가 되지 못하는 가정이 점점 늘고 있기 때문일 것이다.

가정의 달, 심지어 어린이날과 어버이날에도 어린이 학대, 노인

소외, 고독사 등 가정 폭력과 가족 범죄, 그리고 가족 해체 등 가정의 위기를 알리는 슬픈 소식이 들려온다. 새 대통령은 정부의 최우선 과제가 경제 회복이라고 밝혔다. 또 취임사에서는 35번이나 자유를 언급했다. 하지만 가족이 평안한 삶을 살아갈 수 있는 자유보다 더 귀중한 것은 없다. 가정이 빈곤과 고독으로부터 자유를 얻지 못한다면 경제도 나라의 기반도 흔들린다. 가정의 행복에는 당연히 경제적 여유가 필요하겠지만 가족의 본질이 상실된다면 물질적 풍요가 무슨 소용이겠는가.

오래전 일본에서 열린 국제세미나에서 일본의 민법에 '불효'를 처벌하는 규정을 설명한 일본 사회학자의 말에 크게 놀란 적이 있다. 일본에서 '효孝'의 정의는 부모에게 의식주를 제공하는 것이었다. 의식주만 제공해도 효도라는데 부모를 얼마나 홀대했으면 법으로까지 정하게 되었는지 당시에는 잘 이해가 되지 않았다. 그러나 이미 우리나라에서도 일본의 '불효' 조항을 법으로 규정해야 할 정도로 가족 돌봄이 심각한 수준에 이르렀다.

'가족으로 모십니다.'라는 직원모집 광고를 자주 보게 된다. 직원을 가족처럼 여기며 배려하고 보듬겠다는 다짐이다. 그룹회사에서는 자회사들을 종종 가족 회사라고 말한다. 하지만 회사는 가족이 아니라 이익 집단이다. 치열한 경쟁사회에서 직원을 가족처럼 대하는 온정주의는 오히려 기업 발전에 걸림돌이 될 수도 있다. 최근 무시로 발생하는 직원의 공금 횡령 사건을 비롯한 각종 비리도 동료 직원을 가족인양 여겨 잘못을 덮어 준 결과는 아닐까.

그렇다고 기업이 이익만을 추구하는 집단이 되어서는 곤란하다. 기업은 고객과 종업원 그리고 주주, 지역사회 등 이해관계자들의 행복과 안녕을 위해 존재하기 때문이다. 경영자는 종업원을 능력에 따라 정당하게 대우하고, 협력하여 목적을 이루도록 동기를 유발하여, 공동체 구성원이 되도록 이끌어야 한다. '따뜻한' 기업문화도 필요하다. 하지만 무엇보다 종업원의 삶의 질에 대한 배려가 최우선이다.

최근 1인가구와 맞벌이 부부가 크게 늘면서 '일과 삶의 균형'을 뜻하는 워라밸work & life balance이 강조되고 있다. 이달에 한국경영자총협회가 MZ세대 구직자를 대상으로 실시한 조사에서는 응답자의 66.5%가 '괜찮은 일자리 조건'으로 워라밸을 꼽았다. 직장 선택의 최우선 기준이다. 워라밸을 실천하여 가족친화인증을 받은 기업은 직원들의 애사심과 업무효율성 그리고 기업 이미지도 높아져서 탁월한 경영성과를 낸다는 연구도 나온다. 이렇듯 워라밸은 자기개발과 기업경쟁력은 물론이고, 동시에 가족 문제까지 해결하여 우리 사회와 경제의 지속가능성을 높이는데도 큰 효과가 있다고 한다.

가족 문제는 정치계서도 단골 이슈다. 장관 후보자를 포함한 각종 공무 담임 예정자의 청문회에서 예외 없이 등장한다. 청문회가 당사자의 능력과 자질을 검증하기보다는 가족 문제에 집중하다보니 유능한 후보자라도 공무 담임을 기피한다. 그래서 가족 문제를 샅샅이 들추어 내어 공직 담당자의 인품과 자격을 재단하는 것은 늘 논란의 여지를 남긴다. 가족 문제로부터 온전히 자유로울 수 있는 사람은 극히 드물기 때문이다.

하지만 예로부터 수신제가치국평천하修身齊家治國平天下라 했다. 『대학』에 나오는 이 구절은 '반듯한 삶'의 원칙과 기준이다. 정진홍은 『인문의 숲에서 경영을 만나다 3』에서 가족 문제는 수신과 제가의 덕목을 따지는 것이라고 했다. 수신은 자세며 공부다. 몸과 마음의 수양이다. '집을 가지런히 한다'라는 뜻의 제가는 관계와 소통이다. 가정에서 수신과 제가를 바로 배우지 못하면 제대로 된 안목과 원대한 비전을 가지기 어렵다. 나아가 본인은 물론이고 가족까지도 크게 흔들리며 붕괴되고 해체될 수도 있다.

프란츠 카프카의 소설, 『변신』에서는 거대한 벌레로 변신한 한 사람 때문에 변질되는 가족 관계를 실감나게 그리고 있다. 오늘 우리의 가정은 어떤가. 비록 가치가 없다고 여겨지는 식구라도 가족 구성원들이 이기심 없이 그리고 조건 없이 아끼며 따뜻하게 보살피는가. 가정은 인류라는 생명체가 이어져 온 근본이다. "이 세상의 여러 가지 기쁨 가운데 가장 빛나는 것은 가정의 웃음이다." 스위스 교육자 페스탈로치의 말이다.

(2022.05.23.)

경영의 창으로 본 세상 2

02

다시 맞이한 '가정의 달' 5월

'가족 같은 분위기'가 어떤 것인지 아리송한 시대

계절의 여왕 5월에는 기념일과 축제가 몰려있다. 근로자의 날인 초하루를 필두로, 스승의 날인 5월 15일에 이어서 27일은 부처님 오신 날이다. 모든 지자체에서는 어김없이 축제를 연다. 5월은 또한 '가정의 달'이다. 5일은 어린이날, 오늘은 어버이날이고, 21일은 부부의 날이다. 이 달은 젊은 남녀가 새 가정을 이루는 결혼 시즌이기도 하다. 가정은 사랑의 가족공동체며, 국가 사회의 견고한 기반이다. 그런데 요즈음 우리의 가정이 위기 상황이다. 사랑의 공동체라는 표현이 무색할 정도로 가정이 해체되고 있다는 불편한 소식이 자주 들린다.

'가족 같은 분위기'라는 것이 어떤 것인지도 아리송하다. 그래서 가정을 이루는 부모·자식 관계와 부부 관계를 되돌아보게 된다.

원래 부모와 자식은 같은 DNA를 공유하고 있어 부모는 자식을 본능적으로 사랑한다. 이들의 관계는 변수가 아닌 상수다. 가수 장사익이 부른 〈꽃구경〉이란 노래가 있다. 아들 등에 업힌 노모가 고려장을 지내고 혼자 산을 내려 갈 아들이 길을 잃을까 걱정하여 솔잎을 한 움큼 따서 가는 길에 뿌린다는 가사의 노래다. 누구라도 눈물 없이는 도저히 들을 수 없다. 이처럼 부모는 자식을 본능적으로 사랑한다. 하지만 전혀 다른 DNA를 지닌 부부는 의식적인 노력을 기울여야만 정상적인 가족관계가 유지된다. 서로가 다름을 알고 부족한 점을 메꾸어주어야 사랑의 공동체가 완성된다. 행복한 가정은 결혼으로 그저 주어지는 것이 아니라 부부가 함께 노력하여 만들어가는 것이다.

기업에서는 이보다 더 큰 노력이 필요하다. 구성원들이 상대방의 부족함을 보완하고 신뢰의 관계를 맺고 그것을 이어가려는 의식적 노력이 있어야 목표 달성이 가능하다. 상대방이 나와 다르다는 것을 인정하고 서로를 돕고 배려하는 자세로부터 구성원 각자가 지닌 능력의 합계보다 더 큰 시너지synergy, 곧 상승효과가 나온다. 이러한 시너지를 얻기 위해서는 경영자가 반드시 구성원들의 능력과 자질은 물론이고 속마음까지도 알아야 한다. 그래야 인재관리가 성공한다. 따라서 경영자의 가장 큰 덕목은 사람을 잘 알고, 사람들 사이의 관계 맺기와 우호적인 관계 유지를 지속하도록 애쓰는 것이다.

현명한 경영자는 인재를 제대로 알아보고, 찾아내어서, 조직 목표에 공헌하도록 활용한다. 경영자가 현명해지려면 쉼 없이 사람에 대한 공부를 해야 한다. 무엇보다 인문학 지식을 포함한 최신의 경영 지식까지 폭넓게 갖추는 것이 필수다. 현장에서의 직접 경험도 중요하지만 남보다 앞서 새로운 경영지식을 더 많이 학습해야 경영자의 자기향상이 가능하기 때문이다. 탄탄한 지식체계는 복잡한 경영문제의 해결은 물론이고 사람과의 관계를 바르게 이끄는 혜안을 제공한다. 그것이 구성원들의 행복과 보람, 그리고 호혜적인 관계를 유지하는 비결이다.

수년전, 미국에서 100세 이상의 노인 500명을 대상으로 흥미로운 연구프로젝트가 진행되었다. 프로젝트의 핵심은 행복하고 보람 있는 삶의 비밀과 삶의 지혜가 무엇인가를 찾는 것이었다. 조사 결과, 응답자들이 가장 많이 언급한 것은 감사와 믿음, 다른 사람과의 지속적인 관계의 유지였다. 이것은 100세의 삶에만 적용되는 것이 아니다. 누구라도 가까운 이들과 신뢰 관계를 잘 유지해야 만족스러운 인생 여정을 걷게 된다. 사랑의 공동체인 가정에서도 가족 구성원들 사이에 감사와 믿음 그리고 정겨운 관계를 유지하는 것이 행복의 핵심이다. 그래서 외롭거나 버림받았다고 느끼는 가족구성원이 있는 가정은 매우 위험하다.

요즈음에는 부모 자식 간의 본능적 사랑도 시험대에 놓여있는 듯하다. 부모에게 느닷없이 "만약에 내가 바퀴벌레가 되어 나타나면 어떻게 할 거야? 몸은 바퀴벌레고 영혼은 나야."라는 질문을 던지는 것이 10대들 사이에 유행이라고 한다. 프란츠 카프카의 소설 『변신』에서 흉측한 갑충으로 변해버린 주인공을 연상시키는 질문이다. 가족 간 신뢰의 상실과 애정의 결핍에서 오는 10대의 정서적 불안감을 보는 듯해 심히 걱정된다. 엊그제 초록우산어린이재단이 발표한 '아동행복지수보고서'에서도 우리나라 아동·청소년 중 무려 87%가 행복하지 못한 일상생활을 하고 있다고 분석하였다.

가정은 당연히 행복이 넘치는 곳이어야 한다. 그러나 가족이 더 많은 시간을 함께 하고, 더 깊은 애정으로 서로의 마음을 보듬고, 힘과 용기를 북돋아주기를 힘써야 가정은 비로소 사랑의 공동체가 된다. 그럴 때 가족 구성원 모두가 행복하고 보람된 삶을 살아가게 될 것이다. 행복한 가정은 곧 건강하고 안전한 사회, 부강하고 평화로운 국가로 이어질 것으로 믿는다.

"행복한 가정은 서로 닮았지만, 불행한 가정은 모두 저마다의 이유로 불행하다." 『안나 카레니나』의 첫 문장에서 보는 톨스토이의 통찰이 부쩍 마음에 와 닿는 '가정의 달' 5월이다.

(2023.05.08.)

경영의 창으로 본 세상 2

03

위기의 노인들

노인의 삶에도 정신적 건강과 여유로움이 필요하다

올 가을 유난히도 아름답게 물들었던 단풍잎이 이제는 거의 다 떨어졌다. 낙엽 밟는 소리가 정겹게 들린다. 낙엽은 노년의 상징이다. 푸르렀던 젊은 시절을 거쳐, 붉게 물들었던 황금기를 지나, 속절없이 땅에 떨어지는 낙엽이 노인의 삶과 매우 흡사하다. 일본에서는 직장 은퇴자들을 낙엽에 비유한다. '젖은 낙엽'이라는 듣기에도 민망한 호칭도 등장했다. 일하느라 밖으로만 돌던 남편들이 퇴임 후에는 아내에게 착 달라붙는 모양새가 젖은 낙엽과 같다며 폄하하는 것이다.

경제적 측면에서만 보면 노인은 비용만 발생하는 곤란한 존재다.

단지 돌봄의 대상일 뿐이어서 귀찮은 존재로도 여겨진다. 그래서인지 노인에 대한 이해와 관심은 매우 부족하다. 하지만 어린 자녀는 금쪽 같이 여긴다. 어린이에 대한 사회적 배려와 관심은 차고 넘친다. 젊은이들은 또 어떤가. 요즘 젊은이들에게서 종종 오만과 독선, 자기연민으로 가득 찬 버릇없는 모습을 보게 된다. 하기야 '요즘 젊은이들은 버릇이 없다'는 말은 역사가 오래다. 고대 메소포타미아 수메르 점토판에 적혀 있기도 하다니 더 할 말은 없다.

이처럼 외면당하는 이 땅의 노인들에게서 꿈을 보기는 어렵다. 하루하루 살아가는 그들의 삶이 너무 힘들고 버겁기 때문이다. 실제 경제적으로 자립하는 노인은 많지 않다. 통계청 발표에 따르면 고령층(55~79세) 인구의 3분의 2가 넘는 68%가 더 일하겠다는 의지를 보였다고 한다. 이 가운데 절반 이상이 생활비를 벌기 위해서란다. 전국경제인연합회가 분석한 보고서는 연금을 받는 고령 인구의 49.7%가 일한다고 한다. 역시 생활비를 벌기 위해서다. 이들의 월 평균 연금 수령액인 138만 원은 2인 기준 최소 생활비인 월 216만 원의 64% 수준에 불과하다.

노인들이 겪는 문제는 비단 경제적 빈곤뿐만 아니다. 신체건강과 정신건강 모두 크게 우려된다. 학대를 받거나 고독한 삶을 힘겹게 살아가는 노인들이 많다고 한다. 전국에 이들을 위한 쉼터가 설치되어 있고, 사회복지사들의 도움도 받고 있지만 턱없이 부족하다. 또 노인은 위험 상황의 인지와 대처 능력이 크게 떨어져서 신체적 위험에 더 많이 노출된다. 그럼에도 불구하고 노인보호구역인 실버존노인존은 매우 미흡하다. 대구에 어린이보호구역인 스쿨존은 752곳이 있는데, 실버존은 겨우 59곳에 불과하다. 게다가 대부분의 구역에는 과속단속 카메라나 과속방지시설이 없어 여전히 사고위험에 노출되어 있다.

노인들의 정신적 건강 또한 심각한 수준이다. 수 년 전 영국에서 발생한 보이스 피싱 사례다. 경찰이 사기 피해를 입은 한 할머니를 조사하였다. 할머니는 자신의 친구인 척하는 한 신사에게 매일 전화를 받았다. 그녀는 결국 그에게 설득당해 3천만 원이 넘는 돈을 보냈다. 경찰은 왜 사기꾼에게 돈을 주었는지를 물었고, 할머니의 대답에 무척 놀랐다. "그렇지 않았으면 몇 주 동안 한 번도 다른 사람과 대화를 나누지 못했을 거예요." 경찰은 근처 공원에 '수다벤치'를 설치하고 다른 사람과 대화할 수 있는 공간을 마련했다고 한다. 우리나라에서도 노년층의 사회적 고립과 고독은 심각한 문제다. 그들은 대화를 잃고 고독과 우울증 등 정신질환에 시달리고 있다.

'영어 / 키오스크 / 무인' 매장이 늘고 있다. 노인들에게는 너무 어려워서 이용할 수 없는 공간이다. '노No 노인존'인 셈이다. 그곳은 노인들의 소외감을 부추기는 노인출입금지구역이다. 국적 불명의 각종 외래어와 디지털 환경에 미숙한 노인들이 매장에서 자존감에 상처를 입고 또 다른 정신적 고통을 느낀다. 비록 노인이 이 매장들의 표적 고객이 아니라고 하더라도 노인 차별로 여겨진다. 모르면 배우면 된다고 말하는 몇몇 젊은이들은 꼰대 근성이 문제라고 비아냥거린다. 이런 철부지 소리는 노인들의 야윈 어깨를 더욱 쪼그라들게 만든다.

나라의 장래를 이끌어갈 어린이와 젊은이들의 삶은 정말 중요하다. 마찬가지로 노인들의 건강하고 여유로운 삶 또한 귀중하다. 그래서 노인들이 젊은이들의 짐이라는 잘못된 인식은 큰 문제다. 우리나라가 선진국이라 불리며 오늘날 이처럼 잘 살고 있는 것이 과연 누구 때문인가. 그것은 노인들의 노력과 희생 덕분에 가능했다. 그래서 지난 달 2일 '노인의 날'에 윤석열 대통령이 "어르신들께 존경과 예우를 다하는 것은 우리의 의무이자 미래 번영의 시작"이라고 한 말은 매우 온당하다.

'이고 진 저 늙은이 짐 벗어 나를 주오 / 나는 젊었거늘 돌인들 무거우랴 / 늙기도 설워라커늘 짐을 조차지실까' 조선 선조시대 송강 정철의 시다. 요즘 젊은이들은 500년 전의 이 시조를 읊조리는 노인을 어떻게 평가할까. 꼰대근성, 시대착오, 웃기는 짬뽕, 아니면 틀니 행진곡? 그러나 틀니는 고난의 대장정을 성공적으로 끝낸 노인들의 자랑스러운 흔적이다. 누구나 결국 노인이 된다.

(2022.11.21.)

경영의 창으로 본 세상 2

04

외톨이는 죽은 나무가 아니다

은둔형 외톨이 청년 문제는 민·관 모두의 협력으로 해결할 수 있다

최저임금위원회가 내년 최저임금을 9,860원으로 결정했다. 이에 대해 근로자는 물론이고 기업들 특히 소상공인의 반발 역시 매우 크다. 실질임금이 삭감되었다는 근로자 측의 주장과 소상공인들의 형편을 전혀 고려하지 않은 무책임한 결과라는 사용자의 주장이 팽팽하다. 편의점을 비롯한 음식점, 카페 등을 운영하는 영세 자영업자들은 도저히 수용할 수 없다고 하소연한다. 소상공인연합회는 최저임금 인상은 결국 근로자의 일자리를 대폭 사라지게 할 것이라고 경고한다.

일자리 문제가 더욱 어려워지는 가운데 구직활동을 하지도 않고 그냥 '쉬는' 청년들이 크게 늘고 있다. 이달 17일 통계청에 따르면 지난달에 일도 구직활동도 하지 않고 그냥 '쉬고' 있는 20대~30대 청년이 무려 61만 명 이상인 것으로 나타났다. 이들 중 약 45만 명은 부모와 함께 살면서 생계를 전적으로 부모에게 의존하고 있다. 20대에서 그냥 '쉬는' 사람 가운데 약 75% 이상, 30대에서도 58% 가량이다. 이들은 적성과 능력에 알맞은 일자리를 찾지 못해 근로의욕을 상실하고 그 결과 경제적 독립이 계속 지연되고 있다. 결국 사회적 적응이 점점 더 어려워져 외톨이로 살아갈 가능성이 높다.

보다 심각한 문제는 '은둔형 외톨이' 청년들의 숫자가 급속히 늘어나고 있다는 것이다. 이들은 직장을 구해서 사회에 적응하려는 노력을 포기하고 가족과의 대화조차 단절한 채 자기 방에서 홀로 살아간다. 코로나19 이전인 2019년 34만 명에서 2021년에는 무려 54만 명가량으로 급증했다. 전체 청년 인구의 5%에 해당된다. 지난해 출생아 25만 명의 두 배가 넘는 숫자다. 한국보건사회연구원의 최근 보고서에 따르면 실제로 경제활동을 하지 않는 고립청년은 '인간관계가 잘 되지 않아서', '학업의 중단으로' 등을 이유로 들기도 했으나 가장 큰 이유는 바로 '취업이 잘 되지 않아서'였다. 은둔형 외톨이가 되게 한 결정적 요인은 바로 일자리 문제였다.

일본에서는 '히키코모리은둔형 외톨이' 문제가 이미 1990년대부터 사회적 문제로 대두되었다. 지난해 조사에서는 일본에서 15세~65세

인구 가운데 무려 146만 명 정도가 '히키코모리'인 것으로 추산했다. 더 큰 문제는 중장년층에서도 심각하다는 것이다. 그 결과 80대 부모가 50대 자녀를 부양하는 이른바 '8050문제'가 이제는 90대 초고령 부모가 60대 노인 자녀를 부양하는 '9060문제'로 확대되고 있다. 당사자와 그 가족 문제를 넘어서서 각종 범죄로 이어져 중대한 사회문제로 나타나고 있다.

관계는 삶의 중심이다. 진실 되고 소중한 관계가 없다면 우리의 정신과 몸은 쇠퇴한다. 따라서 고립은 사회와의 단절이고, 삶과 영혼을 서서히 갉아먹는다. 『악의 마음을 읽는 자들』에서 권일용과 고나무는 "고립된 사람들이 범죄를 저지른다."라고 말한다. 고립을 느끼는 이들은 친밀감을 형성하려는 강한 욕구를 지닌다. 하지만 마음을 터놓고 대화할 수 있는 가까운 사람이 없는데다 사회적 시스템조차 미비하면 고립에서 유발되는 분노가 사적이고 폭력적 방식으로 표출된다. 최근 신림동 흉기 난동사건도 이러한 맥락에서 이해될 수 있다.

뒤늦게나마 정부는 은둔형 외톨이 문제를 해결하기 위한 조치에 나섰다. 보건복지부가 17일부터 이달 말까지 고립·은둔 청년 5,000명을 대상으로 전국단위의 온라인 설문조사를 실시한다. 이 조사에서 고립·은둔 청년으로 판정된 청년들을 대상으로 본 조사를 시행할 계획이다. 정책적 관심의 사각지대에 놓여있던 고립·은둔 청년들의 삶과 요구를 심도 있게 파악하여 지원책을 적극적으로 마련하려는 것이다.

고립 문제의 해결에는 정부의 노력 못지않게 민간 차원의 노력도 매우 소중하다. 민관의 공동 노력이 있어야 은둔형 외톨이들이 고립과 은둔에서 깨어나게 된다. 우리가 사는 세상이 그다지 삭막하거나 몰인정하지 않다는 것을 느낄 수 있도록 고립 청년들을 진심으로 이해하고 도와주어야 한다. 인간적 연대와 소속감에 대한 그들의 갈망을 해소해 주는 것이 중요하다. 고립청년들의 연약함을 이해하고, 그들과의 관계에 정성을 쏟으며 진정한 우정을 쌓아 나가야 한다. 얼굴을 맞대고 대화하며 살펴야 한다. 청년이 행복해야 대한민국이 행복하기 때문이다.

고립감에 젖어있는 외톨이들을 소생케 하려면 무엇보다도 그들을 대하는 우리의 올바른 관점이 최우선이다. 천상병 시인의 시 『나무』가 그것을 말해준다. "사람들은 모두 그 나무를 죽은 나무라고 그랬다 / 그러나 나는 그 나무가 죽은 나무는 아니라고 그랬다 / 그 밤 나는 꿈을 꾸었다 / 그리하여 나는 그 꿈속에서 무럭무럭 푸른 하늘에 닿을 듯이 가지를 펴며 자라가는 그 나무를 보았다 / 나는 또다시 사람을 모아 그 나무가 죽은 나무가 아니라고 그랬다 / 그 나무는 죽은 나무가 아니다"

외톨이들은 결코 죽은 나무가 아니다.

(2023.07.31.)

경영의 창으로 본 세상 2

05

생각에 관한 생각

더 나은 미래는 생각하는 힘, 곧 생각의 근육에서 나온다

요즘 아무 생각 없이 산다고 하는 사람들이 많다. 생각 없이 살아가기 때문일까, 사람들의 기억력이나 사고력도 눈에 띄게 줄어들었다. 정보통신기술과 인공지능기술의 발달로, 굳이 생각하거나 기억하려고 애쓰지 않아도 그럭저럭 살아가는데 별 문제가 없다. 손에 쥔 모바일 기기에서 필요한 정보를 어렵잖게 찾을 수 있다. 책을 뒤적이지 않아도 검색창에 단어 몇 개만 입력하면 구하려는 답을 바로 알아낼 수 있다. 그래서인지 많은 이들이 가족이나 친구들의 전화번호를 기억하지 못하고, 심지어 자신의 집 전화나 아파트 출입구 비밀번호조차 생각나지 않을 때도 있다. 생각하는 뇌가 자꾸 힘을 잃어서다.

많은 이들이 생각 없이 산다고는 말하지만 실제로는 누구나 늘 생각하면서 살아간다. 우리가 활동하는 것은 곧 우리가 생각한 결과이기 때문이다. 각자의 모든 생각이 각자의 현실로 나타나기 마련이다. 그래서 더 낳은 삶을 살려면 생각을 바꾸는 것이 최우선이다. 생각을 바꾸어야 우리의 삶과 우리가 살아가는 세상도 바뀐다. 더 낳은 삶은 더 낳은 생각에서 나온다. 생각은 생명이고, 새로운 창조의 원천이다. 생각이 있어야 현실을 넘어설 수 있다. 현실을 넘어서야 미래가 열린다.

생각은 마음의 호수와 같다. 사람은 누구나 마음의 호수가 조용하고, 잔잔하고, 평화로운 상태이기를 바란다. 그래서 변화를 꺼려한다. 그러나 마음의 호수가 잔잔하면 창조에 아무런 기여를 할 수 없다. 창조성의 발현은 마음의 호수가 출렁거릴 때 비로소 시작된다. 큰 바람이 호수를 휘저어 공기가 호수 밑바닥까지 도달해야 건강한 호수가 되듯이 마음의 호수도 뒤집혀야 생각의 근력이 강해진다. 힘 있는 생각이 역경을 극복하고, 실패를 도약의 발판으로 삼아 계속 앞으로 나아가게 한다. 좌절의 시대에 필수인 회복탄력성resilience도 바로 건강한 마음의 호수에서 나온다.

우리는 변화는 불가결한 것임을 잘 알고 있다. 그러나 변화가 위험하다는 생각 때문에 과거의 생각과 관습을 고집하면서 살아가는 경우가 허다하다. 이처럼 과거에 얽매여서는 제대로 살아갈 수 없다. 생각을 바꾸어야 환경의 변화에 적응하며 살아 갈 수 있다. 생각이 바뀌면 행동이 바뀌고 결국 새로운 습관도 생긴다. 모든 것은 생각하기에 달렸다. 불가에서 말하는 일체유심조一切唯心造다. 붓다는 "우리의 생각이 곧 우리 자신이다. 모든 것은 우리의 생각과 함께 나타난다. 따라서 우리의 생각이 이 세상을 이룬다."라고 했다.

현대 경영학의 창시자로 불리는 피터 드러커Peter Drucker는 기업 경영의 핵심은 혁신과 마케팅이라고 했다. 창조적 상상력을 기반으로 남들과 다르게 경영해야 기업의 목적이 달성된다고 주장했다. 이미 다른 사람이 정해 놓았거나 이루어 놓은 것을 깨지 못하면 혁신은 탄생하지 않는다. 또한 독특하고 탁월한 가치를 제공해서 고객을 감동시켜야 마케팅은 성공한다. 그 원동력은 고객의 마음을 두드려 울림을 주려는 마케터의 진정한 마음과 새로운 생각이다. 결국 생각의 힘이 기업을 성공하게 만든다. 경영자를 비롯한 모든 기업구성원이 끊임없이 생각의 폭을 넓히고 새롭게 생각하여서 낡은 생각을 벗어버려야 하는 까닭이다.

인류가 나아갈 길을 창조하기 위해서도, 또한 글로벌 경쟁 시대 속에서 개인이 혁신적인 아이디어를 창안하기 위해서도 생각이란 도구를 갈고 닦아야 한다. 생각하는 힘을 길러야 한다. 더 낳은 미래는 생각의 근육에서 나온다. 기구로 운동을 반복해서 근육을 키우듯이, 생각하는 힘 역시 생각 공부와 두뇌 훈련을 통해 강하게 만들 수 있다. 뛰어난 생각 하나가 상상을 초월하는 부富를 만들어 낸다. 유대인들은 적극적인 생각이 부자가 되는 첫걸음이라고 말한다. 그 생각은 사람이나 상황을 바람직한 방향으로 이끄는 긍정적인 생각이어야 한다.

비카스 샤는 『생각을 바꾸는 생각들』에서 전 세계 대표 지성들에게 이 시대의 가장 중요한 문제를 질문하고 그들의 답변을 집대성했다. 이 시대와 사회를 만들어가는 것은 바로 우리의 생각이라며, 그 생각이 씨줄과 날줄로 엮이며 세상의 모습이 된다고 주장한다. 철학자 김용규도 『생각의 시대』에서 "지식의 시대는 끝났다. 이제 생각의 시대다!"라고 선언했다. 생각하는 노력 없이 인생을 제대로 살아가기 어려운 세상이 되었다는 말이다.

어느 누구라도 생각 없이 제대로 살아가기는 어려울 것이다. 사람의 생각이 다른 사람들과 어울려 살아가는 과정에서 발생하는 숱한 문제들을 해결해주기 때문이다. 더군다나 생각think이 깊으면 감사thank도 넘친다고 한다. 한 해의 끝자락에서 나태주의 시 '기도'를 읽는다. 시인은 "나보다 더 외로운 이들, 더 추운 이들, 더 가난한 이들, 더 비천한 이들을 생각"하기를 소망한다. 함께 살아가는 이웃을 생각하는 일이 무엇인지를 곰곰이 생각해보아야 하겠다.

(2022.12.19.)

경영의 창으로 본 세상 2

06

독서와 종이 매체의 종말

종이 매체가 결코 사라지지 않는 이유

10월은 기념일의 달이다. 정부가 제정한 국경일과 각종 기념일의 1/4가량이 이달에 몰려있다. 1일 국군의 날을 시작으로 그 다음날은 노인의 날, 계속해서 숱한 기념일들이 이어지다가 29일의 지방자치의 날로 10월을 마감한다. 하루건너 한 개꼴이다. 여기다가 민간이 정한 기념일을 더하면 매일이 기념일이다. 이달 11일은 제36회 '책의 날'이었다. 책의 소중함과 책 읽는 즐거움을 널리 일깨우고자 제정되었다. 지난 4월 23일이 유네스코가 정한 '세계 책의 날'이었는데 비슷한 내용의 기념일을 굳이 또 정한 까닭이 궁금하다. 책 읽기에 가장 좋은 계절이서일까. 책 읽는 사람들이 크게 줄어들어서일까.

문화체육관광부에서 발표한 '2021년 국민 독서실태 조사' 결과에 따르면 지난해 우리나라 성인의 연간종합독서율은 47.5%였다. 우리 국민가운데 성인 2명 중 1명은 1년 동안 책을 한 권도 읽지 않았다. 특히 성인의 종이책 독서율은 40.7%로 2019년에 비해 무려 11.4%p나 줄었다고 한다. 우리나라 성인이 읽은 종이책은 평균 2.7권으로 3년 전의 절반에도 못 미쳤다. 도서관에서의 책 대출도 해를 거듭할수록 급감하고 있다. 어디서든 종이책을 읽는 모습은 보기가 어렵다.

대신에 유튜브, SNS 등 전자미디어가 우리네 일상을 깊이 파고들었다. 우리는 때와 장소를 가리지 않고 전자기기에서 메시지를 끊임없이 확인하고, 무언가를 쉼 없이 검색하고, 또 누군가와 더 많이 연결되고 싶어 한다. 그리고 더 많은 정보가 제공될수록 정보에 허기를 더 느낀다. 많은 정보에서 핵심만 재빨리 훑어본다. 그래서 장문의 기사를 읽거나 서너 단락이 넘는 글조차 집중하기 어렵다고 한다. 더구나 소설과 같이 긴 내용을 끝까지 읽는 능력은 상실되었다. 전자미디어가 종종 의식적·무의식적 사고에 합선을 일으켜 우리의 정신을 산만하게 만들기 때문이다.

하지만 전자미디어는 이미 가장 효과적인 소통 도구로 각광받고 있다. 그 결과 우리의 삶을 지배하고 우리의 뇌와 사고방식까지도 바꾸어 놓았다. 이제 일과 학교, 경제·사회생활 등 거의 모든 영역에서 필수 도구로 자리매김하고 있다. 잠시라도 전자미디어가 작동하지 않는다면 누구라도 엄청난 혼란과 상실감을 겪게 된다. 최근 카카오 먹통 사태로 우리는 이러한 디지털 암흑digital darkness 상태의 충격을 여과 없이 생생하게 경험했다.

'국민메신저'로 불리는 카톡의 블랙아웃 사태는 모든 국민에게 심각한 불편과 막대한 손실을 안겨주었다. 특히 깨어있는 동안 끊임없이 메시지를 주고받는 청소년들은 그야말로 혼돈과 극도의 상실감을 경험했을 것이다. 이들뿐만 아니라 모두가 힘든 시간을 보냈다. 이렇듯 전자미디어는 유용한 삶의 도구이지만 한번 문제가 발생하면 우리의 생각과 일상까지도 멈추게 하여 그 피해는 걷잡을 수 없이 확산된다.

사람은 생각을 집중할 때 비로소 놀랄만한 변화를 만들어 낸다. 따라서 '생각하는 상태'를 만드는 것이 중요하다. 생각의 집중에서 통찰력이 나오고 창조력으로 이어지기 때문이다. 그런데 니콜라스 카가 『생각하지 않는 사람들』에서 현대인들에게 경고한 것처럼, 전자미디어를 사용할수록 훑어보고, 건너뛰고, 멀티태스킹하는 신경회로는 강해지는 반면 집중력은 사라진다.

이러한 전자미디어 만능 시대에 우리는 집중력을 잃고 뇌의 혼돈마저 경험한다. 이미 종이 매체를 통한 아날로그적 뇌를 완전히 잃어버린 걸까. 그리고 종이 매체의 장래는 어떻게 될까. 과연 책과 신문, 잡지는 살아남을 수 있을까. 명저 『미디어의 이해』에서 마셜 매클루언이 주장했듯이 새로운 미디어는 오래된 것을 가만히 내버려두지 않는다. 그래서 많은 이들이 종이 매체의 종말을 서슴없이 예단한다.

하지만 인쇄된 종이 매체는 쉬 사라지지 않을 것이다. 우리는 여전히 책을 사고, 잡지를 구독한다. 극장에도 가고, 라디오도 듣는다. 종이신문을 읽고, 바이닐 레코드판으로 음악을 듣는다. 데이비드 색스가 『아날로그의 반격』에서 말한 대로 아날로그 경험은 디지털 경험이 주지 못하는 실제 세계의 즐거움과 만족감을 주기 때문이다. 사람은 누구나 좀 더 촉각적이고 인간중심적인 경험을 갈망한다. 종이 신문과 종이 책이 여전히 가치를 지니는 이유다.

흔히들 부자들은 꾸준히 독서하는 사람들이라고 한다. 역사적 위인이나 성공한 리더들도 독서가 생활습관이 된 사람들이다. 세종대왕, 이순신, 나폴레옹, 처칠, 루스벨트에서 오늘날 빌 게이츠나 우리나라에서 성공한 CEO들은 모두 책을 가까이 했다. 이들은 남이 보지 못하는 변화를 책을 통해 확인하고 대처하는 능력을 길렀다.

인류의 문화 진보와 사회 발전은 여전히 종이 매체가 주도한다고 믿는다. 이 좋은 계절에 좋은 책을 읽자. 책은 인생을 살아갈 수 있는 힘과 용기, 그리고 지혜와 편안함을 준다.

(2022.10.24.)

경영의 창으로 본 세상 2

07

지금 아니면 절대로 안 됩니다

'내일' 혹은 '다음에' 하겠다는 말과 '안 하겠다' 말은 동의어

'해 아래 새것은 없다'라는 말도 있지만 그래도 새해 첫날은 희망으로 설렌다. 누구나 새해에는 새로운 각오를 다진다. 신년 휘호를 쓰거나, 새로 시작할 일들을 구상하며, 지난날들과는 다른 삶을 꿈꾼다. 지도자들도 신년사에서 새 각오를 다진다. 하지만 새것은 늘 옛것에서 나온다. 온고지신溫故知新과 법고창신法古創新이다. 오랜 세월 꾸준히 이어져 온 것들이 새것을 만드는 바탕이다. 세상이 아무리 변해도 결코 변하지 않는 기본원리가 있다. 그것을 붙잡아야 변혁의 소용돌이를 헤쳐 나갈 수 있는 법이다.

윤석열 대통령이 새해 키워드로 '새로운 도약'을 제시했다. 신년사에서 국민의 삶을 개선하기 위한 노동, 교육, 연금 등 3대 개혁과 수출을 통한 경제 활성화를 강조하였다. 이미 엄중한 경제 시련기에 처한 우리 현실에서 비정상을 바로잡는 개혁으로 경제 위기 극복에 총력을 기울이겠다는 방침이다. 지금까지의 기득권을 타파하고 비정상을 바로 잡는 것을 개혁의 핵심으로 보았다. 잘못된 것을 바로잡아야 새것을 구상하고 그것을 성취할 수 있는 올바른 방법도 찾을 수 있다는 것이다.

어떤 정책이든 버릴 것과 바꾸어야 할 것부터 찾아내는 것이 최우선이다. 잘못된 것들을 샅샅이 찾아내어 과감하게 버리거나 바꾸어야 한다. 특히 당면한 환경과 여건이 힘들고 어려울수록 비정상과 철저한 결별은 필수다. 개인은 물론이고 기업과 사회 그리고 국가도 잘못을 고치지 않고서는 어떤 발전도 기대할 수 없기 때문이다. 생각뿐만 아니라 당장 행동으로 실천하는 것이 중요하다. 물론 이것이 말처럼 그리 쉬운 일이 아님을 우리는 잘 알고 있다.

과이불개過而不改. '잘못하고서도 고치지 않는 것'이 진짜 문제다. 지난해 연말 교수신문이 발표한 사자성어다. 잘못에 전혀 반성하지 않는 정치권을 꼬집은 표현이었다. 우리 사회 모두에게 적용될 수도 있는 말이다. 잘못을 알면 반드시 고쳐야 한다. 지과필개知過必改다. 무엇이 잘못되었나를 철저히 따져봐야 한다. 이어서 고칠 방법을 깊이 생각해

보아야 한다. 대상에 따라 방법은 각각 다르겠지만 우리 사회에 만연한 심각한 잘못들을 찾아내어 하루속히 고쳐야 한다.

우리가 지금 살고 있는 이 땅에는 공중질서문란, 인명경시, 윤리파괴, 각종 중독증상이 심각한 지경에 이르렀다. 교통질서와 법규 준수, 상경하애上敬下愛와 예의염치가 매우 우려스러운 수준이다. 국민 모두가 그 심각성을 체감하고 있다. 시급히 해결해야 건전한 국가 발전을 기대할 수 있다. 사람답게 살아가는데 필수불가결한 것들이기 때문이다. 이렇게 된 데는 지도자들의 책임이 가장 크다. 그러나 국민 모두가 남 탓하지 말고 자신의 잘못부터 살피고 고쳐나가려는 자세가 절실하다.

정부는 국가 차원의 잘못들을 바로 잡는 일에 솔선수범해야 한다. 무엇보다 나라 살림을 잘 꾸려나가야 한다. 국가 예산의 편성과 집행에서 잘못을 찾아 고쳐야 한다. 예산 집행과정에서 지출의 당위성을 꼼꼼히 살펴야 한다. 특히 불요불급한 비용의 지출을 철저히 통제해야 한다. 잘못된 관행과 문제가 반복되어서는 안 된다. 한 예로, 지난 5년간 비영리 민간단체의 국고보조금이 제대로 관리되지 않았다고 한다. 회계부정, 부당사용 등 부적절 행위가 무려 153건이나 적발되었다는 것이다. 국민세금의 사적인 유용은 중대한 범죄 행위다.

새해가 도약의 해가 되려면 그저 또 하나의 새해가 아니어야 한다. 우리가 사는 이 땅은 사실상 우리 아이들로부터 빌린 것이다. 그러므로 우리가 후손들에게 어떻게 기억될 것인가를 깊이 생각해야 한다. 그들에게 물려줄 것이 무엇인가를 철저히 고민해야 우리나라의 재도약을 기대할 수 있다. 비록 완벽하지는 않더라도 당장 없애거나 고칠 것부터 해결해 나가면서 새해를 살아가자. 그래야 대한민국의 미래가 있다.

중동·아프리카지역에서 회자되는 IBM이란 말이 있다. 그들이 입버릇처럼 사용하는 인샬라Insha'lla, 부크라Bukra, 말레시Ma'lesh라는 아랍어의 첫 글자를 조합한 것이다. 직역하자면 '신의 뜻대로', '내일', '괜찮아'를 뜻한다. 하지만 실상은 '안 된다', '지금 당장은 곤란하다', '웬만하면 그냥 넘어가라'는 부정적인 뉘앙스에 가깝다. 외국인으로서는 도무지 이해하기 어렵고 황당하기도 한 사막 유목민 특유의 문화다.

그러나 우리도 크게 다르지 않다. '내일' 하겠다는 말은 안 하겠다거나 언제할지 모르겠다는 의미로 이해될 때가 많다. '괜찮다'라고 말하더라도 정말 괜찮지 않은 경우도 다반사다. 이렇듯 우리가 바꾸고 고쳐야 할 잘못된 관행들이 더 이상 부크라와 말레시가 되어서는 정말 곤란하다. 이런 옛말이 있다. "미친 사람만이 똑같은 일을 반복하면서 다른 결과를 기대한다."

지금 아니면 절대로 안 된다! (Now or Never!)

(2023.01.02.)

08

호국영웅, 우리에게 그들은 누구인가

불굴의 노장이 건재한 기업은 쓰러지지 않는다

이달은 호국보훈의 달이다. 올해는 특히 국가보훈청이 '청'으로 출발한 지 62년 만에 국가보훈부로 격상된 해다. 지난 5일 국가보훈부로 공식 출범한 다음날, 제68회 현충일의 추념사에서 윤석열 대통령은 "국가의 품격은 국가가 누구를 어떻게 기억하느냐에 달려있음"을 강조하며, "나라를 지키기 위해 희생하신 영웅들의 헌신과 희생을 기억하고 예우하는 것은 우리 모두가 이 나라의 주인이고, 주권자라는 것을 확인시켜 주는 행위"라고 힘주어 말했다.

이달 초하루부터 도심 곳곳에 호국보훈을 기리는 현수막이 요란하게 나붙었다. 그런데 벌써 어디로 다 사라졌는지 보기가 어렵다. 반면 정치현수막들은 시민들의 혐오에도 불구하고 여전히 거리를 뒤덮고 있다. 우리 국민들은 6.25 전쟁과 같은 중요한 역사적 사실을 쉽게 잊어버리는 경향이 있다. 전쟁이 발발한지 벌써 73년이나 되었으니 전쟁의 참상을 제대로 기억하는 사람도 그리 많지 않다. 하지만 대한민국에는 여전히 전쟁의 상흔이 깊이 남아있다.

6.25 전쟁은 우리나라 역사상 가장 참혹한 전화를 남겼다. 인명 피해만도 우리 군인 62만여 명과 몇 배의 북한 젊은이들이 희생되었다. 13만 명이 넘는 미국 청년들도 희생되었다. 심지어 징집의무가 없는 17세 이하의 약 3만 명의 소년소녀병까지 전쟁터에 동원되었고, 2,500명 이상이 전사했다. 아무 것도 남긴 것 없이 사라진 이들의 흔적은 우리 고장 다부동 전적비에 "내 짧은 인생을 영원히 조국에"라고 새겨져 있을 뿐이다.

6.25 전쟁터는 우방국의 젊은이들이 이 땅의 평화와 자유를 사수하기 위해 피를 흘렸던 현장이기도 하다. 그들은 용병이 아니었다. 우방국들이 무슨 혜택을 바라고 파병한 것도 아니다. 잘 알지도 못하는 남의 나라를 지키기 위해 자기 나라의 젊은이들을 희생시킨 것이다. 그러기에 그들에 대한 우리의 진정한 감사와 예우가 절실하다. 따라서 아무리 국익이 우선되는 경제전쟁시대라지만 우리나라도 고난에 처한 이웃나라들을 성심을 다해 도와주어야 할 것이다.

6.25 전쟁은 강하고 담대한 나라만이 살아남는다는 뼈저린 교훈을 남겼다. 또 우리나라는 반드시 우리 국민 모두가 스스로 지켜내야 한다는 자주국방의 진리도 깨달았다. 감히 누구도 넘볼 수 없는 강한 나라가 되어야 우리의 후손들이 안전하고 평화롭게 살 수 있다. 그런데도 우리가 강대국의 힘에 기대며 그저 세월만 흘려보낸 것은 아닌가 하는 느낌을 지울 수 없다. 다른 나라와의 협력과 유대는 국방과 안보의 필요조건이기는 하지만 결코 충분조건이 아니기 때문이다.

1948년부터 1973년까지 네 차례 발발한 아랍-이스라엘 전쟁에서도 우리는 귀중한 교훈을 얻는다. 4차 전쟁이 발발했을 때 당시 외국에서 공부하던 이스라엘 유학생들은 앞 다투어 비행기 표를 마련해 자신들의 조국 이스라엘을 지키려고 서둘러 떠났다. 반면, 징집명령을 받은 많은 아랍계 유학생들이 귀국하지 않고 숨어 지냈다는 일화를 들었던 적이 있다. 전쟁의 승패는 싸움 이전에 이미 판가름 났다. 수억 명의 아랍인들에게 둘러싸인 이스라엘을 지금도 어느 누구도 함부로 건드리지 못한다.

기업의 경쟁력도 고난 가운데 기업을 살려낸 영웅들이 결정한다. 기업의 성공은 당연히 CEO를 비롯한 구성원들이 어떤 정신과 책임감으로 일하느냐에 달려 있다. 그리고 그들이 불굴의 노장, 곧 베테랑이 될 때 기업은 결코 실패하지 않는다. 스포츠 세계에서도 베테랑은 존경의 대상이고 팀을 승리로 이끈다. 신체 전성기는 지났지만 젊은

선수 못지않게 탁월한 기량을 발휘하는 베테랑 선수들이 팀의 중심을 잡아준다.

국가보훈부 승격은 매우 중요한 의미를 갖는다. 하지만 국가를 위해 몸 바친 이들과 그 가족들에 대한 적절한 처우가 시급하다. 대통령의 말씀대로 국민의 안전을 위해 희생하신 분들을 제대로 기억하고 충분히 예우해야 한다. 아직도 못 찾은 호국영웅들의 유해도 하루속히 유족의 품에 돌려주어야 한다. 영웅들의 숭고한 희생과 헌신을 온 국민이 똑바로 기억해야 한다. '역사를 잊은 민족에게 미래가 없다'라는 명언이 있다. 굴곡진 역사를 기억하며 그것을 반면교사로 삼아야 가슴 아픈 역사가 반복되지 않는다. 그리고 온 국민들이 호국영웅들을 진심으로 감사하고 존경해야 한다.

저 유명한 가곡 '비목'을 작사한 서울시립대 명예교수 한명희 시인이 수년전에 쓴 《산 목련 여인》이란 시다. "팔부능선 바위틈에 안타까이 누운 병사 / 찢긴 군복 주머니엔 클로버 꽃 편지 한 장 / 독수공방 신혼댁을 차마 잊지 못해설까 / 낙엽 덮인 흙 틈새로 쌓인 한만 읊조리네." 전쟁터에서 산화한 낭군 소식에 혼절한 새댁의 소복 입은 모습이 어른거려 가슴이 먹먹하다. 아아, 잊으랴 어찌 우리 그날을. 보훈은 애국영웅들의 희생과 헌신에 대한 예우다. 그들은 우리에게 과연 누구인가.

(2023.06.19.)

경영의 창으로 본 세상 2

09

그 많던 태극기는 다 어디로 갔을까

구성원들의 진심 어린 충성심이 경영의 핵심 자원

내일은 제78주년 광복절이다. 국경일이며 공휴일이다. 돌이켜보면 1945년 8월 15일, 일제의 무조건적 항복으로 2차 세계대전이 끝나면서 우리나라는 36년 만에 일제의 지배에서 벗어나 국권을 회복했다. 반만년 역사에서 이보다 더 기쁜 날이 없었다. 그러나 한반도의 독립은 준비 없이 갑자기 찾아왔고, 우리나라는 남북으로 분단되었다. 3년 뒤 유엔의 결의에 따라 남한서는 선거가 치러졌고, 광복절과 같은 날인 8월 15일에 대한민국 정부가 수립되었다. 제헌의회가 구성되고, 의회에서 헌법이 제정되었다.

매년 이맘때면 국경일을 미리 자축하기 위해 관공서에서 내다 건 수많은 태극기가 거리에 물결친다. 참으로 감동적인 광경이다. 국경일은 나라의 경사이므로 공·사 기관들은 물론이고 각 가정에서도 국기 게양에 동참한다. 하지만 국경일에 집집마다 당연히 걸려 있어야 할 태극기가 요즘은 잘 보이지 않는다. 광복절을 국경일이 아니라 공휴일로만 여겨서일까. 아니면 국경일은 나라의 지도자들만 연례적으로 기념하는 행사이거나, 그도 아니면 대통령이 특별사면 · 복권을 하는 날로 치부되어서일까.

지난 3.1절부터 제헌절까지 우리 아파트에 걸린 태극기의 숫자를 세어보았다. 20층 높이 아파트 한 동에 걸린 태극기는 겨우 10개 정도였다. 국기는 국가의 상징이며 국민적 자긍심을 상징한다. 세계에 우리나라의 존재를 당당히 알리는 공식적인 징표다. 그런데 언제부터인가 국경일에도 가정에서 태극기를 게양하지 않는다. 그러고 보니 공·사 기관에서의 각종 행사에도 태극기나 애국가를 무시하는 경향이 나타났다. 당연히 행사 순서에 들어 가야할 국기에 대한 경례나 애국가 제창을 시간이 부족하다는 핑계를 대며 생략하는 경우가 허다하다.

국경일은 분명 우리가 경축해야 할 역사적인 날이다. 더욱이 우리나라의 온전한 주권 회복을 기념하는 8.15 광복절은 모든 국민이 당연히 그 의미를 기억하고 기리며 숭고하게 기념하고 기뻐해야 할 것이다. 이 모든 일의 시작과 기본은 가정에서의 국기 게양이다. 애국심의 출발점은 바로 국기에 대한 올바른 가치관을 몸소 실천하는 것이기 때문이다. 행동의 실천은 습관이 되고 습관은 가치가 되는 법이다. 그 어떤 거창한 애국보다도 나라의 상징인 국기를 귀중히 여기며 국기 게양을 실천하는 일이 나라사랑의 출발점이다.

미국이란 나라에는 지구상에서 가장 다양한 종족이 모여 있다. 세계 각지에서 건너온 사람들이 미국의 국민이 되어서 살아가고 있다. 그런데도 미국인들의 애국심은 정말 대단하다. 미국이 다른 나라와 전쟁하면 나이 많은 할머니도 전쟁에 무언가 도움이 될 일이 없는지를 묻는다. 길거리에서 격렬하게 논쟁하다가도 국기 하강식이 시작되면 말싸움을 즉각 멈추고 국기에 대한 경례를 한다. 국가에 대한 충성을 애국심이라고 정의한다면 그들의 충성 맹세는 그야말로 세계 최고다. "애국심은 나라 번영의 영원한 조건"이라고 한 토마스 칼라일의 말이 딱 들어맞는다.

기업에서도 구성원들의 진심에서 우러나오는 충성심은 경영의 핵심적 기본 자원이며 경쟁우위의 원천이다. 기업은 사람이기 때문이다. 구성원의 충성심은 애사심과 자긍심으로 이어져서, 조직목표 달성에 적극 기여하려는 동기를 유발한다. 애사심과 같은 정신적 차원의 동기는 상상을 초월할 정도의 성과를 실현한다. 구성원의 애사심은 고객의 충성도마저 확보하는 기반이 되기 때문이다.

오래전 어떤 여름날. 나는 어느 태평양 해변에서 바다 건너 어디엔가 있을 우리나라를 생각하며 바다를 바라보고 있었다. 그날이 바로 광복절이었다. "흙 다시 만져보자 바닷물도 춤을 춘다. 기어이 보시려던 어른님 벗님 어찌하리"로 시작되는 광복절의 노래를 혼자서 나지막이 불렀다. 여전히 가난한 조국 대한민국이 겪어온 무수한 시련과 아프고 시린 역사가 떠올라 끝내 울었다. 이국땅 해변 모래밭에 앉아서 애국자연 했던 나의 모습이 쑥스럽기도 했다.

누구나 이국땅에 살면 애국자가 된다는 말이 있다. 그들은 조국의 흙과 물조차도 그립다. 그래서 조국을 방문하고 돌아갈 때는 고향의 흙을 한줌 가져간다. 그들은 태극기와 애국가를 절대로 잊지 못한다. 오래전 TV 방영이 자정까지로 제한되어 있었을 때, 방송의 끝에는 늘 애국가가 흘러나왔다. 교포들은 누구나 반드시 애국가 4절까지 다 듣고 그날의 TV를 끈다. 이국생활의 고생과 고달픔으로 조국에 대한 정이 가슴에 사무쳤기 때문이다.

그런데 번영한 대한민국의 국경일에 집집마다 휘날려야 할 태극기가 실종되었다. 왜일까? 오늘의 풍요한 대한민국을 위해 희생하신 순국선열들에게 우리는 무슨 말씀을 드릴 수 있을까. 그리고 우리 후손들에게 태극기가 보이지 않는 광복절을 물려주어도 될까. 도무지 명쾌한 답이 떠오르지 않는다. 다시 광복절을 맞으며 가슴이 답답하고 애달프다.

(2023.08.14.)

5부

경영학 산책

창조경영의 출발점은 예술이다.
시와 음악, 미술, 공연 등은
세상을 다르게 볼 수 있는 실마리를 제공한다.
여기서 바로 창의력이 나온다.
- 마이클 루빈스타인 Michael Rubinstein

'예술적 전략'을 통해 획일적인 흑백논리를 극복하라.
고정관념에서 벗어나는 해방감과 활력을 맛볼 수 있다.
- 스텐 데이비스 · 데이비드 매킨토시 Stan Davis and David McIntosh

사회에 도움이 되는 인재는 IQ 높은 사람이 아니다.
실생활에서 유연한 사람, 즉 '실용지능'을 가진 사람이다.
이런 능력은 영어나 수학 실력으로 키워지지 않는다.
- 리처드 니스벳 Richard Nisbett

경영의 창으로 본 세상 2

01

경영학은 경영자를 위한 것이다

불변의 경영원리는 과연 존재하는가

기업의 존재 이유는 무엇인가

가치창조의 의미와 필요성

경영자의 역할

경영학이 경영자에게 주는 유익은 무엇인가

기업은 무엇이며 왜 존재하는가. 한마디로 기업은 '사람'이다. 기업 경영은 사람에 관한 것이 거의 전부다. 기업 경영이 사람의, 사람을 위한 일이어야 하는 이유다. 기업이 사람을 위해 존재 한다는 사실은 현대 경영학의 불변의 대명제다.

'기업企業'의 한자 표기인 '기企'에 사람이 들어 있는 것과 같은 맥락이다. 경영학 교과서에서는 기업을 '생산적 협동 실체'라고 정의한다. 협동의 주체도 바로 사람이다. 그래서 기업은 사람이 사람의 행복을 위해 가치를 창조하는 실체다.

기업이 성과를 달성하는 수단은 '생산'이다. 경제학에서는 이를 '효용의 창조'라고 부른다. 이는 부가가치를 창출하는 과정이며 그 핵심은 고객가치의 창출이다. 즉 기업의 최우선 과제는 차별적 가치를 창출해 고객에게 전달하는 일이다. 그래야 기업은 고객의 선택을 받아 살아남는다. 다른 기업이 모방할 수 없는 고유의 가치를 고객에게 제공하는 것이 가장 중요한 과업이다.

고객과 함께 가치를 창출하는 것이 중요하다. 고객에게 가치를 전달하는 방식 또한 분명히 공유해야 한다. 지구상에서 고객을 가장 중시하는 기업이라는 아마존이 본보기다. 아마존에서는 회의를 할 때마다 빈자리를 하나 남겨 둔다. 언제나 그들과 함께 있는 고객을 위한 자리다.

가치 창조는 경영학에 생명을 불어넣는 원칙

이처럼 기업의 일이란 가치를 창조하는 것이다. 가치 창조는 현대 경영학에 생명을 불어넣는 원칙이다. 따라서 회사 사명의 핵심은 바로 가치창조다. 그리고 경영자는 기업이 창출한 가치의 차별성을 유지해 나가면서 늘 새로운 가치를 창조해야 한다. 이것이 비즈니스 모델이며 경영 전략이다.

차별성이란 남들과 '다름'을 나타내는 나만의 정체성이며 동시에 자기 존재의 당위성을 뜻한다. '우리는 왜 존재하며 무엇을 하는 존재인가'란 질문에 분명하게 답할 수 있다면 남들과의 다름이 분명해진다. 기업의 정체성은 그 기업이 사회 속에 존재해야 하는 이유와 사명을 시장에 내놓는 명시적인 답안이다. 그것을 표현한 것이 신조Credo나 경영이념Management Philosophy 또는 사명문Mission Statement 등이다.

가치 창조가 누구를 위한 것인지를 규정하는 것도 매우 중요하다. 가치의 수혜자는 주주, 직원, 경영자, 고객, 협력사는 물론 일반 대중이 될 수도 있다. 이것은 기업의 주인이 누구인가에 대한 인식과 직결된다.

우리나라 기업의 대다수는 소유경영 체제로 운영되고 있다. 따라서 최대 주주인 CEO는 스스로가 기업을 소유한다는 생각이 지배적이다. 이런 상황에서는 창출된 가치가 경영자만을 위한 것이 될 가능성이 높다. 또한 경영자가 자신의 생각만을 내세우며 명령 일변의 수직적 사고를 할 수도 있다.

그 결과 독단적인 의사결정, 왜곡된 카리스마와 권위 등이 종종 나타난다. 여기서 여러 가지 불미스러운 일도 발생한다. 'CEO 리스크'는 모두 이 같은 인식에서 비롯되었다.

시장경제 체제에서 기업은 당연히 자본 조직체다. 하지만 동시에 사람 조직체이기도 하다. 이 둘을 조화롭게 유지, 관리하는 것이 경영자의 최우선 책무다. 도구로서의 사람이 아니라 사람을 목적으로 보는 인간관이 중요하다. 기업 이윤을 최우선 목표로 삼아서 사람을 성과 달성의 수단으로만 간주하는 것은 그야말로 최악이다.

한때 '사람이 먼저다'라는 구호가 유행했다. 경영의 세계에서 이 말은 원칙이 되어야 한다. 일본에서 '경영의 신'으로 추앙받는 마쓰시다 고노스케도 사람 중시의 경영 이념을 강조했다. 그는 사람이 사람의 행복을 위해 함께 어울려 서로의 행복을 위해 하는 활동이 곧 경영이라고 믿었다.

경영자가 아닌 리더, 이그제큐티브

1980년대 가장 존경받은 경영자인 GE의 잭웰치는 '경영자Management'라는 단어를 무척이나 싫어했다. 부정적인 의미가 너무 많다고 판단해서다. 통제와 관료주의의 냄새도 많이 풍긴다고 보았다. 그가 내놓은 새로운 용어는 '리더Leader'였고 기업계에서 호의적인 반응을 얻었다.

엇비슷한 시기에 경영학의 태두 피터 드러커는 경영자 대신 '이그제큐티브Executive'란 용어를 쓰기 시작했다. 경영자에게 가장 어려우면서도 중요한 것은 행동으로 실천Execute하는 것이기 때문이다. 이 용어가 일상화되어 오늘날 CEOChief Executive Officer로 이어졌다.

이렇듯 경영자의 호칭은 '무엇을', '어떻게' 하는 사람인가에 초점이 맞춰져 있다. 그러나 이름을 바꾼다고 경영자의 역할이나 위상이 달라지는 것은 아니다. 경영자의 본질은 자신에게 부여된 명칭과는 무관하기 때문이다.

리더로서의 경영자에게는 '무엇을', '어떻게' 할 것인가 보다는 '왜' 그러한 역할을 수행해야 하는 가에 대해 확고한 철학이 요구된다. 이것은 기업이라는 조직의 존재 이유와 함께 경영자 자신의 존재 이유에 대한 인식이다.

'왜'의 전도사인 사이먼 사이넥은 2009년 9월 미국 시애틀 근처 푸젯 사운드에서 열린 지역 행사에서 18분 동안 짧은 강연을 했다. 그의 강연은 이후 온라인을 통해 2600만 이상의 시청자를 모으며 세계적인 강연회 테드TED에서 손에 꼽히는 인기를 얻었다. 신기원적인 것으로 평가받는 사이넥의 강연 메시지는 놀랍도록 간단하다. '무엇을' 또는 '어떻게' 보다 '왜'가 훨씬 더 중요하다는 것이 전부다.

그는 '골든 서클Golden Circle'이라고 명명한 세 겹으로 구성된 원을 그리고 그 중심에 '왜'라는 핵이 있음을 강조했다. 그 '왜'가 명분과 목적 혹은 신념이며 사람을 따르게 하는 원동력이라고 주장했다.

결국 경영자 자신이 믿는 바를 함께 믿는 사람과 일할 때 열정과 용기를 불러와 탁월한 성과를 이룬다는 것이다. 사이넥은 역사상 훌륭한 리더로 존경받는 경영자들은 모두가 이 같은 방식으로 생각하고 행동하고 의사소통을 한다고 강조했다.

그는 이후 자신의 이론을 전개하는 『나는 왜 이 일을 하는가』Start With Why라는 저서를 출간했다. 5년 후에는 두 번째 저서 『리더는 마지막에 먹는다』Leaders Eat Last : Why Some Teams Pull Together and Others Don't를 출간했다. 이 책에서 그는 배려하는 리더들은 어떻게 신뢰를 불러일으키고 발전적인 협업과 창의성을 허용하면서 장기적인 비전을 가지고 일하는지에 대한 생각을 이어 나갔다.

2017년 출간된 세 번째 책 『나는 왜 이 일을 하는가 2』Find Your Why에서는 '왜'에 의해 동기 부여된 팀이 정말 서로를 사랑하는 팀이 되어서 실제 작동하는 방법을 단계적으로 제시했다.

서문에서 사이넥은 "나 하나가 아닌 팀과 조직 전체가 '왜'를 알고 일할 때 그곳은 긍정적 에너지가 넘치고 함께하고 싶은 곳이 될 것이다. (중략) 출근하고 싶다는 의욕으로 잠을 깨고, 직장에 가면 불안하지 않고, 오늘 한 일에 대해 성취감을 느끼며 집으로 돌아갈 수 있는 세상은 꿈이 아니다."라고 말했다. "늘 소풍 가는 설렘으로 회사에 출근한다."라는 현대그룹 고 정주영 회장의 말씀이 오버랩된다.

이는 또한 '손자병법'의 '상하동욕자승上下同欲者勝', 즉 '위아래 사람이 원하는 바가 같으면 이긴다'라는 말과도 궤를 같이 한다. 훌륭한 경영자는 모든 구성원이 같은 목표와 비전을 품고 동지애로 혼연일체가 되도록 강력한 펠로우십Fellowship을 이끌어 낸다.

따라서 경영자는 우리 기업만의 '왜'를 분명하게 정의해야 한다.

그리고 모든 구성원이 이해하고 공감하고 지향할 수 있도록 그것을 명확히 제시하고 설명해야 한다. '왜'가 분명하면 어떤 상황에서든 올바른 근거를 가지고 선택할 수 있고 그로 인해 열정이 넘치는 일을 할 수 있기 때문이다.

기업은 사람이고 경영은 사람이 한다. 아무리 AI와 자동화가 대세라 하더라도 경영은 사람을 위해, 사람에 의해, 사람이 하는 일이다. 사람의 협력을 이끌어 내야 목적을 성취할 수 있다. 그리고 구성원의 행복을 보장하는 것이 기업과 경영자의 지상 과제다.

그러므로 경영자가 가장 깊이 고민하고 연구해야 할 것은 바로 '사람을 아는 일'이다. 고객, 종업원, 주주 그리고 이해관계자 모두가 사람이며 경영자는 이들이 어떤 존재인가를 충분히 이해해야 한다.

따라서 경영자는 사람이 살아가는 바탕의 무늬를 밝혀 주는 인문학人紋學 지식으로 무장해야 한다. 인문학人文學에 관한 깊고도 폭넓은 소양이 필요한 이유다. 경영학도 당연히 인문학이다. 그래서 경영자는 누구나 인문과학자여야 한다.

경영학은 경영의 실천 학문

경영학은 경영자를 위한 것이다. 전략이 전장의 장수를 위한 것이듯 경영학은 경영 현장이라는 싸움터에서 고군분투하는 경영자를 위한 것이다.

경영학은 문제 해결을 위한 실천과학이다. 경영 이론은 경영 현장의 역동적이고도 복잡한 현상을 바탕으로 도출된다. 경영 이론이 현장과 괴리될 때 그것은 한낱 허황한 상상이거나 주장에 지나지 않는다. 따라서 제대로 된 경영 이론은 결코 탁상공론이 될 수 없다.

'이론과 실제는 다르다'라는 말을 자주 듣는다. 그러나 경영 이론만큼은 이와 같은 주장이 통하지 않는다. 숱한 경영 이론들은 경영 현장에서의 수많은 사례를 탐구한 결과로 얻어진 것이다. 20세기 초 프레드릭 테일러의 '과학적 관리법'을 비롯해 엘톤 메이요 교수가 주도한 '호손 연구'도 현장에서의 경영 문제 해결을 위한 노력의 산물이었다.

이후 경영학은 매우 짧은 역사 속에서도 크게 발전했다. 수많은 경영학자와 현장 연구자의 활발한 연구로 광범위한 이론 개발과 지식 축적을 단기간에 이루었다. 그 결과 학문적 기반과 체계가 성숙 과학의 지경에 진입했고 경영자의 의사결정에 크게 기여해 왔다.

1954년 발간된 경영 명저 『경영의 실제』는 일관성 있는 체계를 갖춘 최초의 경영서다. 저자인 피터 드러커는 서문에서 "경영 활동이란 독특한 과업이며 경영자가 된다는 것은 구체적인 책임을 진다는 것"이라고 설파했다.

그는 기업 경영과 경영자 그리고 근로자와 작업관리를 설명하며 경영학을 하나의 실천 학문으로 서술했다. 기업 목표와 성과 측정을 다루었고 조직정신이란 이름으로 기업문화까지 다루었다. 기존의 기업 경영 방법과 내일의 기업이 되기 위해 혁신하는 방법 모두를 논의한 책으로 평가된다.

경영 혁신의 전도사로 알려진 게리 해멀도 "드러커가 이 책에서 이론과 실제, 분석적인 것과 감성적인 것 그리고 개인적 요소와 사회적 요소를 완벽하게 연결시킴으로써 경영 관리의 전문화에 대해 가장 큰 기여를 했다"라고 논평했다.

경영 이론은 마치 지도와 흡사한 역할을 한다. 도로 운전에 도움을 주는 지도에는 운전해서 가야 할 도로가 반듯하게 정돈된 상태로 그려져 있다. 가야 할 곳을 매우 단순하게 보여준다. 하지만 실제 운전하는 도로는 엉망진창인 비포장도로가 다반사다.

커브 구간과 자갈이 튕기는 곳, 움푹 파인 곳, 습하거나 얼음이 낀 곳, 짐승의 출몰, 차량의 고장, 다른 자동차의 돌발 행위 등 그야말로 혼란스러운 상황이 수시로 나타난다. 운전을 잘하기 위해서는 지도에서 터득한 지식만으로는 매우 불충분하다.

경영 이론도 복잡한 경영 현장을 아주 쉽고 단순하게 보여준다. 마치 좋은 날씨에 곧바로 뻗은 한가한 고속도로를 성능 좋은 자동차로 운전하는 상황처럼 묘사되기도 한다. 하지만 경영 문제는 전혀 간단하지 않다. 실제 경영 현장은 엉망인 상태의 비포장도로에서 운행하는 것과 매우 흡사하다. 예상치 못한 일들이 수시로 발생한다.

이러한 현장 상황에 적절히 대처하려면 경영이론 외에도 현장에 관한 지식이 필요하다. 당연히 경험이나 상식, 직관과 예감, 제6감, 반사능력, 지혜, 통찰과 개인적 판단력 등과 같은 암묵적 지식도 필요하다.

경영 의사결정은 운전과는 차원이 사뭇 다른 복잡한 과업이다. 경영자는 당연히 이처럼 복잡한 경영 현장 상황을 종합적으로 고려할 것이다. 경영자는 경영학의 여러 이론들이 복잡한 현실 상황을 가급적 단순화한 것임을 충분히 이해해야 한다. 경영 이론이 곧 해결책은 아니라는 말이다.

하지만 단순한 것처럼 보이는 경영 이론은 복잡한 현장 상황을 간명하게 보여줌으로써 얽히고설킨 복잡한 경영 문제를 명쾌하게 파악하게 한다. 원래 단순성에서 창의성이 나오고 복잡성에서는 단지 테크닉만 나오는 법이다. 더욱이 경영학의 지식은 매 순간 변하는 현장의 상황과 그에 적응하려는 현장 지식이 지니는 함정을 피해 나가는 데도 도움이 된다.

직원들을 잘 가르치고 기업을 올바른 방향으로 이끌어야 하는 CEO에게는 경영 이론과 현장경험 지식 모두 필요하다. 최신 경영 기법도 중요하지만 먼저 경영학의 기본 이론을 체득하는 것이 우선이다. 기본 이론과 최신 이론을 경영 현장에서 활용하는 지혜도 소중하다.

따라서 CEO는 항상 겸손한 자세로 사람들이 살아가는 모습과 생각의 변화를 배우고 탐구해야 한다. 이러한 까닭에 훌륭한 리더Leader들은 모두 다독가Reader인 것이다. “나는 아직도 배우고 있다.Ancora Imparo” 로마 시스티나 성당의 천장 벽화를 완성한 미켈란젤로가 87세에 남긴 말이다. 누구나 죽을 때까지 배워야 한다. 새해에는 경영학 공부에 매진하려는 CEO들의 다짐과 실천이 더욱 기대된다.

(2023년 1월호)

경영의 창으로 본 세상 2

02

기업성공학

기업 경영의 성공이란 무엇인가

그것을 결정하는 요인은 무엇인가

기업 성공에 가장 긴요한 것은

불변의 성공방정식은 존재하는가

경영자가 기업 성공을 위해 수행해야 하는 역할은 무엇인가

공과대학에서 '경제성공학'이란 과목을 가르친다는 말을 듣고서 무척 놀란 적이 있었다. 하지만 그것이 '경제 성공학'이 아니라 '경제성공학Engineering Economy'이었다는 사실을 알고서 실소를 금치 못했다. 이렇듯 성공이란 단어는 우리 모두의 뇌리에 깊숙이 박혀 있다. 그리고

우리는 누구나 성공을 갈망하고 그것을 위해 숱한 고난과 고통을 감내하며 진력한다.

과연 성공이란 무엇일까. 이 세상에서 성공이란 단어만큼 매력적이고도 희망찬 표현은 없을 것이다. 그러나 성공을 한마디로 규정하는 것은 매우 힘든 일이다. 기실 성공이라는 개념은 환상일 수도 있다.

그럼에도 불구하고 우리는 누구나 성공의 비결을 찾는다. 성공해야 하는 이유와 성공이 무엇이지를 잘 모르면서 성공하는 방법에 더 열중한다. 성공을 명확히 정의하고 설명하기가 쉽지 않은 탓이다.

경영자들 역시 기업 성공을 위해 최선을 다하고 쉼 없이 노력한다. 하지만 경영학에서 성공의 본질이 무엇인가에 대한 논의를 찾아보기는 어렵다.

성공을 평가하는 것도 어렵기는 매한가지다. 성공은 높은 성과의 달성을 의미할 수도 있다. 그런데 성과의 달성이 성공의 기준이라면 어느 정도의 성과를 실현해야 성공이라고 말할 수 있을까. 또 성과란 어떤 기준으로 평가되어야 할까.

이것들은 경영자에게는 매우 중요한 과제이며 동시에 큰 관심 사항이다. 기업 성과는 경영자의 능력을 평가하거나 기업의 성공을 판단하는 지표이기 때문이다.

기업 성과는 어떻게 측정해야 하는가

기업 성과를 평가하는 도구로 가장 널리 활용되는 것은 역시 재무적 수치다. 먼저 매출액, 영업이익 등의 총량이나 성장률을 떠올리게 된다. 근자에 와서는 경제적 부가가치EVA, Economic Value Added라는 도구도 사용된다. 자본의 기회비용을 고려하는 새로운 평가 지표이기 때문이다. 이는 고유한 영업 활동만을 통해 창출한 부가가치로서 세후 영업이익에서 자본비용을 뺀 값이다.

이처럼 숫자는 조직의 성과를 나타내는 가시적 요소다. 하지만 수리적 도구에 매몰되면 오히려 판단이 흐려질 수도 있다. 아무리 좋은 시계라도 시간을 어떻게 써야 하는지를 말해주지는 않는다.

어떤 재무적 평가 기준도 성과를 올바르게 평가하는 데 한계가 있다. 재무적 숫자에 경영자의 열정, 혁신성과 같은 경영의 핵심 가치나 고객가치, 나아가 공익적 기여 등을 반영하기는 어렵기 때문이다.

그래서 1990년대 초에 등장한 것이 '균형성과표BCS, Balanced Scorecard'다. 재무적 관점과 함께 고객 관점, 내부 비즈니스 프로세스 관점, 학습 및 성장 관점 등 네 가지 측면에서 기업 성과를 다면적으로 평가하는 방법이다. 여기다가 최근에는 기업이 실현한 환경보호, 사회적 책임, 지배구조, 즉 ESG도 주요한 성과로 강조된다.

이렇듯 기업의 성과나 성공에 대한 판단은 무슨 평가 지표를 어떻게 사용하는가에 따라서도 달라질 수 있다. 또한 성과를 평가하는 기간도 문제다. 일정 수준 이상의 성과 지표를 얼마나 오랫동안 달성해야 성공이라고 판단할 수 있는지가 불분명하기 때문이다.

경쟁 기업에 비해 어느 정도의 상대적 위치를 실현해야 성공이라고 볼 수 있는가도 중요하다. 이처럼 경영성과는 매우 복잡한 성격을 지니고 있고, 기업 성공도 측정이 어려운 추상적 개념일 수밖에 없다.

성공과 실패의 생명주기

경영을 성공적으로 잘해 왔다고 평가되더라도 한순간의 실수로 기업이 수명을 다하고 시장에서 퇴출되는 경우도 숱하다. 그와는 반대로 큰 실패를 경험해 파산 직전까지 갔지만 다시 회생해 장수 기업으로 성장하는 사례도 많다.

그래서 '실패는 성공의 어머니'라고 한다. 실패가 성공 방정식의 한 부분이라거나 성공의 핵심적인 부분이라는 주장도 등장한다. 1000개가 넘는 특허를 갖고 있는 에디슨은 "나는 1만 번 실패한 것이 아니다. 제대로 작동하지 않는 1만 가지 방법을 발견하는 데 성공한 것이다."라고 말했다. 거꾸로 '성공은 실패의 어머니'라는 말도 있다. 이처럼 실패와 성공은 동일 선상을 왔다 갔다 한다.

성공과 실패는 모든 생명체에 동일하게 적용된다. 생명주기Life Cycle가 그것을 말해 준다. 태어나서 성장하고 일정 기간 후에는 반드시 소멸되는 것이 만고불변의 진리다. 마케팅에서의 제품 수명주기PLC,

Product Life Cycle 이론도 바로 이 원리로 설명된다.

시장에 출시된 신제품의 매출과 이익이 시간의 흐름에 따라 정규 분포를 이루고 정점에 도달한 뒤에 시장에서 소멸한다. 수명 기간을 비롯해 매출액과 이익의 규모는 마케팅 능력과 시장에서의 수용 상황에 따라 달라진다.

수명주기는 보통 종Bell 모양의 정규 분포이지만 다양한 모습을 보이기도 한다. 재미있는 것은 '주기 - 재주기형Cycle-Recycle Pattern'이라 불리는 '낙타 등Camel Back' 모양이다. 동아제약의 박카스는 정규분포를 거듭한 대표적인 사례다. 실패에서 회복하는 방법을 깨달아 더 나은 성공을 이룬 결과다.

마찬가지로 기업도 필연적으로 수명주기를 따른다. 창업 이래 주력 제품이나 비즈니스가 성장을 거듭하다가 포화상태에 도달하고 이후 하강 곡선을 이루면서 시장에서 퇴출되고 사라진다.

물론 경영학 이론에서는 기업을 계속기업Going Concern으로 가정한다. 그러나 변화와 혁신을 통해 신제품이나 신사업으로 다시 도약하지 못하면 기업은 필연적으로 시장에서 사라지게 된다.

20세기 말까지 휴대폰 시장의 최강자이던 노키아는 핀란드의 상징이자 자부심의 원천이었다. 1999년에 무려 40억 달러의 흑자를 기록한 성공 기업이었다. 21세기 초까지만 해도 노키아의 브랜드인 베르투Vertu는 최소 4,350달러약 400만 원에서 최대 31만 달러약 2억 9000만 원를

호가하는 명품 휴대폰으로 거부들의 가장 큰 관심 제품이었다.

하지만 2013년 노키아는 마이크로소프트에 인수되는 참패를 경험했다. 뒤처진 운영체제와 디자인 등이 실패의 요인으로 꼽혔다. 그러나 침몰하던 노키아가 다시 살아났다. 모바일 사업을 정리하면서 디지털 통신 인프라와 사물인터넷IoT에 역량을 집중해 오히려 새로운 시대의 산업을 이끌고 있다.

어떤 조건에서도 적용되는 불변의 성공 방정식

기업의 성공과 실패를 결정하는 요인이 무엇인가를 생각해 보자. 과연 어떤 조건TPO, Time, Place, Occasion에서도 적용되는 경영 성공의 비법은 존재하는 것일까. 경영자가 따라야 하는 불변의 성공 방정식은 있는가. 그렇다면 그것은 경영 성공에 어떤 의미를 주는가.

하지만 성공 이전에 생존이 먼저다. 기업의 생존을 이해하는 데는 한국 경영학의 선구자로 손꼽히는 윤석철 한양대 석좌교수가 제안한 '기업 생존 부등식'이 유익하다. 1991년에 출간된 저서 『프린시피아 매니지멘타』Principia Managementa에서 그는 생산성과 마케팅 그리고 경영자를 비롯한 종업원의 자세와 정신력이 기업 생존의 핵심이라고 주장했다.

생존 부등식은 두 개의 부등호로 연결된 일련의 부등식으로 '상품 가치 > 상품 가격 > 상품 원가'이다. '상품 가격 > 상품 원가'는 생산자의 생존을 위한 필요조건이며 그것이 잘 유지될 때 생산자 혜택인 생산성, 즉 효율성이 실현된다. 이는 생산 수단의 고도화와 분업에 의한 조직화 등에 따른 원가 절감을 통해 달성된다.

한편 '상품 가치 > 상품 가격'은 소비자를 위한 조건이다. 소비자가 느끼는 상품의 가치를 높여야 성립된다. 상품의 가치는 소비자가 정하는 것이고 그것을 높이는 능력은 기업의 창조성에서 나온다.

따라서 기업의 생존은 소비자가 느끼는 유·무형의 가치 창조에 달려 있다. 워런 버핏이 말했듯이 "가격은 우리가 내는 돈이고 가치란 그를 통해 우리가 얻는 것"이다. 이처럼 가치란 소비자가 얻었다고 느끼고 판단하는 바로 그것이다.

윤석철 교수는 생산성과 창조성, 이 두 가지가 기업을 지탱해 주는 기업의 운동 법칙이라고 했다. 이러한 주장은 피터 드러커의 경영 이론과 맥을 같이 한다. 저서 『매니지먼트』에서 그는 "기업의 유일한 목적은 고객 창조다. 이것을 만족시키기 위해 기업은 마케팅과 혁신, 이 두 가지 기능만 갖는다."라고 했다.

그는 혁신은 대단한 무엇이 아니라 고객의 니즈를 충족시킬 변화를 고민하는 것이라고 말한다. 그리고 사업의 모든 부문에 걸쳐 추진되어야 한다고 강조한다. 또한 마케팅은 기업의 중심 기능이며 마케팅의 관심과 책임은 기업의 모든 활동에 스며들어 있어야 한다고 주장한다. 고객의 관점에서 보면 마케팅은 기업 활동의 전부이기 때문이다.

기업의 경영 관리 기능도 고객 창조라는 목적을 수행하기 위해 생산성 높은 자원을 사용하는 것이라고 정의한다. 진정한 의미의 생산성이란 고객가치를 생산하는 일은 늘리고 그렇지 않은 일은 폐기하는 것이다. 경영의 본질에 관한 이러한 혜안은 기업 성공에 무엇이 긴요한지를 제대로 가르쳐 주고 있다.

마케팅과 혁신의 차이

마케팅에 관한 피터 드러커의 견해를 좀 더 살펴보자. 그는 고객이 사는 것은 상품 자체가 아니라 특별한 필요에 의해 스스로 가치 있다고 여기는 만족감을 사는 것이라고 강조한다. 그래서 기업은 고객의 눈으로, 즉 바깥으로부터 안을 봐야 한다. 고객과의 대화가 무엇보다 중요하며 '무엇을 어떻게 만들 것인가'에 집중하기보다는 '고객이 부족하다고 여기는 것이 무엇인지'를 기반으로 비즈니스를 작동해야 한다고 말했다.

그는 '만들고 파는Make-and-Sell' 모델에서 '느끼고 반응하는Sense-and-Respond' 모델로의 전환을 요청한다. 이것이 바로 마케팅적 사고방식이다. 그러므로 경영자뿐 아니라 직원들도 '나의 일이 고객들에게 어떤 가치가 있을까'를 끊임없이 질문할 때 고객가치를 위한 창조성이 발휘되고 경영 성과가 나타난다. 성공한 경영자들은 누구나 고객을 위한 가치를 창조하는 사람들이다.

피터 드러커의 제자 후지타 가쓰토시는 저서 『어떻게 경영할 것인가』에서 스승의 경영 이론을 일곱 가지 핵심으로 정리한 뒤 그것을 사람의 몸으로 제시했다. 머리에 해당하는 '리더의 경영 목적', 팔에 해당하는 '마케팅'과 '혁신', 심장인 '자기 경영', 몸통인 '조직문화' 그리고 다리인 '회계'와 '커뮤니케이션'이다.

그는 마케팅과 혁신은 고객가치의 창조라는 같은 목적을 갖지만 결정적 차이가 있다고 말한다. 고객이 '지금 원하는 가치'를 파악해서 그것을 제공하는 것이 마케팅이라면 혁신이란 고객조차도 미처 인식하지 못한 '새로운 가치'를 창출하는 것이라고 정의한다. 마케팅은 고객의 목소리를, 혁신은 사회에서 일어나는 변화를 토대로 이루어진다는 것이다.

이 두 가지를 다른 신체 부위와 긴밀히 연계해 균형 있게 실천해 나가야 한다고 주장한다. 아무리 획기적인 마케팅 기법을 도입하고 혁신을 한다 해도 조직의 사명과 목적, 구성원의 가치관과 동떨어져 있다면 소용이 없기 때문이다. 실행하는 당사자가 마음이 내키지 않는데 고객의 마음이 움직일 리 만무하다는 것이다. 마케팅도 혁신도 결국 조직의 목적이나 직원들의 보람과 연결된다.

경영은 조직에 창조성을 불어넣는 일

기업은 살아 있는 인간이 모인 집단이다. 기업 경영의 본질은 기업 구성원들이 가진 장점을 최대한 살려 경제적, 사회적으로 가치 있는 성과를 올리는 것이다. 그러므로 경영의 역할은 조직에 창조성이라는 생명을 불어넣는 일이다.

'혁신 전도사'로 불리는 게리 해멀은 창의경영 시대에 기업에 가장 필요한 덕목은 적응력, 혁신, 열정이라고 주장했다. 특히 구성원의 열정을 이끌어 내야 기업 성공에 필요한 창의성이 적극 발휘된다고 보았다. 열정 가득한 종업원 집단에서 최고의 성과가 나온다는 것이다.

그러므로 경영자에게는 인간과 사회에 관한 폭넓은 식견과 깊은 사랑 그리고 감성이 필요하다. 경영의 성공이란 그곳에 모인 사람들의 능력을 최대한 끌어내 창조적이고 생산적인 성과를 내는 것이기 때문이다.

윤석철 교수가 지적한 것처럼 경영학은 대자연에서 받을 수 있는 혜택과 인간의 지혜를 모두 결합해 '인간 모두'가 살아가기 위한 '현실적 생존Realistic Survivals'을 다루는 것이다. 기업의 성공도 내가 속한 세상을 아름답게 만들어 가는 것, 바로 그런 일이다. 결국 '기업 성공학'은 내가 살아가는 공동체의 삶의 질을 높이는 것으로 귀결된다. 시인 랄프 왈도 에머슨은 '무엇이 성공인가'에서 다음과 같이 통찰했다.

"자기가 태어나기 전보다 / 세상을 조금이라도 살기 좋은 곳으로

/ 만들어 놓고 떠나는 것 / 자신이 한때 이곳에 살았음으로 해서 / 단 한 사람의 인생이라도 행복해지는 것 / 이것이 진정한 성공이다."

(2023년 2월호)

03

혁신의 본질

혁신과 혁신마인드란 무엇인가

왜 혁신해야 하는가

경영현장에서 혁신 도구들은 어떻게 활용되고 있나

혁신 도구의 내용과 한계는 무엇인가

혁신가로서의 경영자의 행동 방식은 어떠해야 하는가

기업이 직면하는 가장 중요하면서도 어려운 과제는 혁신이다. 기업의 성공과 실패는 바로 혁신에 달렸다. 불확실성이 높은 시대 변화에 민감하게 대응하고 미래의 비전을 준비하려면 혁신은 필수다. 혁신은 오늘날 사회의 모든 부문에서 성장과 번영 그리고 삶의 질을 이끌어

내는 근본적인 동인이며 경영자들은 오늘 혁신하지 않으면 내일에는 뒤처진다고 말한다.

하지만 혁신은 늘 위험하다. 혁신을 위한 투자도 언제나 성과를 보장하지 않는다. 그 투자가 때로는 기업의 생존을 위협하는 매우 위험한 결과로 이어지기도 한다.

혁신이란 무엇인가

혁신에 대해 다양한 정의가 있지만 한 마디로 시장에서 새로운 고객가치를 창조하고 전달하는 프로세스라고 할 수 있다. 혁신의 영어 표현 이노베이션Innovation은 새롭다는 의미의 라틴어 '노부스Novus'에서 파생했고 문자 그대로 '새롭게 하는 것'을 뜻한다. 즉 혁신은 새로운 방법으로 가치를 창조하는 것이며 창조할 가치를 찾아내는 작업이다.

안영진 단국대 명예교수는 저서 『변화와 혁신』에서 "혁신은 기존의 상식을 부정하고 독창적이며 경제적인 가치가 있는 새로운 제품, 서비스, 프로세스를 창출하는 활동"이라고 정의한다. 기업에서의 혁신은 새로운 혹은 개선된 제품의 도입과 상업적 판매, 새로운 생산 수단의 도입 및 상업적 활용, 새로운 비즈니스 형태의 도입, 기존 제품의 새로운 활용, 기존 제품의 신시장 개척, 새로운 유통망 구축 등을 포함한다.

혁신을 추진하는 기업들은 지금까지 주로 다음과 같은 일에 주력해

왔다. 첫째는 시장 확보 전쟁을 통해 현재 시장에서의 매출 확대이고 둘째는 다운사이징, 프로세스 향상, 품질 향상, 아웃소싱 등을 통한 비용 절감, 셋째는 업무 효율과 고객 만족도를 높이기 위한 정보 기술의 활용, 넷째는 성장을 위한 합병 추진, 마지막으로 현재 사업에서 탈출이다.

하지만 혁신의 목표가 고객가치 창조인데도 불구하고 지금까지 고객가치를 높이는 방법에 대한 기업의 관심은 매우 부족했다. 혁신은 무엇보다 고객의 실제적 니즈에 대응하는 것에서 시작되어야 한다.

혁신의 목적은 고객들을 위해 새로운 가치를 제공하는 것이다. 하지만 고객들은 그들이 요구하는 가치를 구체적으로 표현할 수 없는 경우가 대부분이다. 더구나 아직 경험해 보지 못한 혁신적인 가치를 예측하는 것은 거의 불가능하다. 예컨대 고전적인 마케팅 조사 기법으로 고객들이 혁신적 가치를 어떻게 생각하는지를 묻고 그들에게 올바른 답을 얻거나 예측하기란 매우 어렵다.

이처럼 고객가치는 추상적이다. 그래서 스토리를 입혀 일화가 되어야 생동감이 생긴다. 스토리텔링은 이해하기 쉽고 영감을 주며 평범한 사람을 영웅으로 만들기도 한다.

고객 만족의 대명사로 알려진 노드스트롬의 일화는 유명하다. 노드스트롬은 자신들은 팔지도 않는 타이어 세트를 고객이 구매했다고 하자 기꺼이 환불해 주었다.

이처럼 고객의 입장에서 고객의 눈으로 세상을 볼 때 고객가치가 창조된다. 단지 고객의 말을 경청하는 것을 넘어서 상상력을 총동원해 고객의 세계로 기꺼이 들어가 고객과 친밀해질 때 고객가치는 창조된다.

그런데 어떤 기업은 자신의 고객이 누군지조차 모르는 경우도 있다. 고객의 존재를 망각하거나 고객이 왜 우리의 제품이나 서비스를 사고 이용하는지를 명확하게 이해하지 못하면 어떤 혁신도 고객가치를 창조할 수 없다.

혁신이 성공하려면 적어도 세 가지 필수 지식이 요구된다. 정보, 이론, 경험이다. 이러한 지식들은 '어떻게 일을 해야 하는가'에 대한 올바른 해답을 준다. 하지만 이것만으로는 부족하다. 이해와 지혜가 필요하다. '왜 일이 그렇게 되는지'를 이해하고 나아가 '어떤 일이 가능하고 그 일이 왜 성취되어야 하는지'를 알아야 하기 때문이다.

이해와 지혜는 미래를 위한 올바른 선택을 할 수 있게 한다. 혁신의 목표 성취는 현재를 제대로 보는 분별력과 미래를 올바르게 설계할 수 있는 지혜가 이끈다. 그래야 미래에 대한 강력한 비전과 장래 시장에서 성공할 제품이나 서비스의 창출이 가능하다.

혁신은 기업가정신의 핵심이다. 기업가란 혁신을 주도하는 사람이다. 그들은 자본, 지식, 도구, 인프라 등 모든 자원을 활용해서 아이디어를 유·무형 자산으로 변환해 이를 사회 문화에 녹여 낸다. 기업가정신으로 새로운 사업과 가치를 창출한다.

그런데 변화를 찾고 변화에 대응하며 그것을 기회로 활용하려는 기업가정신에는 언제나 위험이 따른다. 하지만 변화하는 환경에 앞서가는 기업가는 실행 중심의 혁신 활동으로 무한 변신을 거듭한다. 기업가정신의 진화는 탁월한 아이디어의 실현과 혁신의 성공을 통해 이루어진다.

혁신이 세상을 극적으로 바꿀 수 있다는 점은 거의 확실하다. 그리고 인류의 발전이 혁신을 통해 이루어진 것도 사실이다. 하지만 혁신이 사회에 미치는 역할에 대해서는 여러 가지 견해가 있다.

어떤 사람들은 인공 지능 분야에서의 혁신이 많은 이들에게 일자리 상실의 위협을 가하고 있다고 여긴다. 물론 혁신이 유독하거나 위험한 산물로 이어진다면 당연히 해로울 수 있다. 또한 어떤 혁신은 일반인에게는 무용지물일 수도 있다. 예를 들어 유인 우주 여행은 지금까지 탐사와 오락용으로만 유용하다는 것이다.

이렇듯 모든 혁신이 반드시 좋은 것만은 아니다. 그러므로 혁신을 언제나 옳고 좋은 것으로 여기는 경향은 잘못된 것이다. 폐해가 되는 비생산적 혁신도 있기 때문이다.

혁신 마인드와 기법들

피터 드러커는 "고객 없이 사업 없다."라는 유명한 말을 남겼다.

기업의 존재 목적을 고객 창출로 본 것이다. 또 기업의 유일한 이윤 센터는 고객이며 이윤을 내기 위해서는 "마케팅과 혁신만 하면 된다." 라고 했다.

'고객가치 창조'라는 목표를 달성하지 못한 기업은 고객의 욕구를 제대로 파악하지 못해 잘못된 길로 들어서거나 혁신에 실패해 시장에서 퇴출될 것이라고 주장했다. 그는 자원이 지닌 잠재력을 높여서 더 많은 부를 창조하도록 새로운 능력을 부여하는 활동을 혁신으로 보았다. 이렇듯 경영자의 최우선 임무는 혁신가의 역할을 수행하는 것이다.

혁신가의 아이콘은 400여 년 전 세르반테스의 소설에서 태어난 돈키호테다, 키호티즘Quixotism으로 대변되는 돈키호테의 이상주의적 열정은 바로 혁신을 지향하는 정신이다. 이처럼 기업가에게 요구되는 혁신 마인드는 현실에 얽매이지 않고 용감하게 앞으로 나아가는 것이다.

'혁신'이라고 하면 먼저 기술 혁신을 떠올린다. 하지만 혁신에는 비즈니스 모델의 혁신을 비롯해 다양한 혁신이 있다. 기술 혁신을 통해 성공한 기업도 실상 제품 그 자체보다는 독특한 비즈니스 모델에 핵심 경쟁력의 기반을 둔 경우가 많다. 또한 비즈니스 프로세스의 혁신을 통해 소비자들의 잠재 욕구를 충족시켜 성공한 사례들도 숱하다.

심지어 기존의 기술이나 이미 낡았다고 치부되는 옛 기술을 활용해 소비자들을 열광시키기도 한다. 과거의 추억을 자극하는 복고풍의 레트로Retro 마케팅, 고객들의 향수를 회상하게 하는 향수 마케팅으로 새로운 고객가치를 제공하는 것이 그 예다. 이처럼 고객은 새로운 기술이 접목된 것만을 '새롭고 가치 있게' 여기는 것은 아니다.

한편 경영 현장에서의 혁신 활동인 경영 혁신에 대해 런던비즈니스 스쿨의 게리 해멀 교수는 "전통적인 경영 원리, 프로세스, 실무 또는 관습적인 조직 행태로부터 현저하게 다르게 출발해 경영이 수행되는 방법에 엄청난 영향을 끼치는 것"이라고 정의했다. 경영을 수행하는 방식에서 과거의 방식을 파괴하는 것이 경영 혁신이라는 것이다.

해멀은 1900년에서 2000년까지 100년 동안 경영에 큰 영향을 끼친 12개의 경영 혁신 기법을 다음과 같이 정리했다. 과학적 관리법, 원가 회계 및 분산 분석, 상업용 연구 실험, 투자 자본 수익률ROI 분석, 브랜드 경영, 대규모 프로젝트 경영, 사업부제, 리더십 개발, 산업 컨소시엄, 급격한 분권화, 공식 전략 분석, 구성원에 의한 문제 해결 등이다.

또한 노규성 전 선문대 교수는 저서 『비즈니스 혁신의 10대 경영도구』에서 경영 혁신 도구의 가치를 주관적으로 평가해 10대 도구를 제시했다. 리스트럭처링구조 조정, 전략적 제휴, 전자 상거래와 e비즈니스, 다운사이징과 아웃소싱, 학습 조직과 지식 경영, 비즈니스 프로세스 혁신BPR, 벤치마킹, 6시그마, 스마트워크, 변화 관리와 성과 관리다.

한편 가치 사슬, 경쟁 전략, 경험 곡선, 고객 관계 관리CRM, 공급 사슬 관리SCM, 기업 아이덴티티CI, 비전 만들기VM, 시간 기준 경쟁TBC, 신 인사 제도NP, 오프쇼어링 등이 경영 혁신 기법으로 제시되기도 한다.

하지만 이들은 혁신을 위한 기법이라기보다는 주로 기업 수익성을 높이기 위한 새로운 관리 도구에 불과하다. 혁신의 진정한 목표는 기업의 수익성 제고보다는 고객가치를 제공하려는 사명에 중점이 있기 때문이다.

피터 드러커는 혁신의 진정한 핵심은 혁신의 원칙을 지키는 일이라고 강조한다. 혁신에서 뛰어난 성공을 거둔 사람은 오직 원칙에 바탕을 두고 또 그것을 터득했을 때에만 목적을 달성할 수 있다는 것이다.

커티스 칼슨과 윌리엄 윌못은 저서 『혁신이란 무엇인가』에서 혁신의 다섯 가지 원칙을 제안했다. 첫째, 기업에게 흥미로운 것이 아니라 고객 및 시장의 핵심 니즈를 만족시켜야 한다. 둘째, 신속하게 가치를 창조해야 한다. 셋째, 가치 창조 프로세스를 진행하는 혁신 챔피언이 되어야 한다. 넷째, 높은 수준의 조직 IQ를 창조할 수 있도록 여러 분야를 포괄하는 혁신팀을 활용한다. 다섯째, 체계적으로 고부가 가치 혁신을 생산할 수 있도록 팀과 조직을 정렬한다.

그들은 혁신의 성공을 위해서 이 원칙들이 모두 충족되어야 한다고 주장한다. 이 원칙들은 곱셈의 관계이고 어느 한 가지라도 0이 되면 성공의 가능성은 완전히 사라진다고 강조했다.

혁신가로서의 경영자

경영의 출발점은 고객가치를 창조하는 지식과 능력이 되어야 한다. 따라서 기업 성공의 핵심 척도는 혁신의 속도와 비용 대비 혜택, 즉 새롭게 창조된 고객가치다. 새로운 고객가치는 다양한 방식으로 창조될 수 있다. 획기적 신기술이나 훌륭한 디자인은 신제품과 서비스를 탄생시키는 기반이 된다.

하지만 대부분의 혁신은 경영 지식을 기반으로 창출된 새로운 비즈니스 모델에서 일어난다. 특히 기존 지식을 합성해 새로운 가치를 창조하는 이른바 지식 합성 모델이 가치 창조 프로세스에서 중심적 역할을 한다. 그리고 고객가치를 창조하는 전 과정은 경영자라는 사람이 주도한다.

우리가 사는 세상의 변혁을 이끄는 데 핵심적인 역할을 하는 사람도 경영자다. 그들은 새로운 비즈니스를 창출함으로써 진정한 변혁의 주체가 된다. 또한 미래에 어떤 기회가 기다리고 있는지를 볼 수 있는 안목을 바탕으로 미래의 방향을 결정하는 주역이다.

혁신가로서 경영자는 사람들이 미래에 무엇을 원할 것인지 꿰뚫어 보고 그들이 생각하고 행동하는 방식을 기반으로 미래의 변화를 일으킨다. 그 결과 미래 세계의 방향을 예측하고 만들어 나가는 핵심 역할을 수행한다.

그들은 지금까지 유용하다고 믿어 온 사고방식이나 행동 요령을 정면으로 거부하고 새로운 길을 찾아 도전하는 사람들이다. 현실에 대한 대응과 관찰에 뛰어난 수완을 발휘하는 사람들이다. 동시에 '끝없는 꿈을 꾸고 원대한 이상을 추구'하는 돈키호테를 닮은 사람들이다.

조안 마그레타는 저서 『경영이란 무엇인가』에서 "경영하는 방법을 배우지 못한 기업가는 오래가지 못하고 혁신할 줄 모르는 경영자 역시 오래가지 못한다."라고 했다. 그러려면 '틀을 깨고 생각'하고 가치에 대한 통찰력을 갖추어야 한다고 주장한다. 고객의 눈으로 바깥에서 안을 들여다볼 때 통찰력은 얻어진다고 말한다. 다른 사람의 경험에서 힌트를 얻고 열린 마음과 왜 그런가 하는 호기심으로 고객들을 자세히 관찰하는 것이 중요하다고 강조한다.

혁신은 불확실하고 위험이 큰 작업이다. 그러나 불확실성과 위험은 가치를 창조할 기회가 되기도 한다. 오늘과 내일 사이의 불균형을 제대로 보기 위해서는 위험을 관리하거나 판단을 제대로 내릴 수 있는 도구들을 사용할 수 있다. 그러나 이런 도구들은 어디까지나 도움을 주는 보조 역할을 할 뿐이다.

결국 최선의 의사 결정을 내리는 것은 도구가 아니라 사람이다. 혁신이라는 위험한 비즈니스가 향후 수익을 가져다줄 확률을 높이는 것 역시 혁신가의 경영 지식과 지혜에 달려 있다.

(2023년 7월호)

경영의 창으로 본 세상 2

04

전략은 싸움의 기술이 아니다

경영전략이란 경영 성과를 내는 핵심 요소다

경영전략은 시장에서 경쟁자를 이기는 방법이다

전략과 성과에 관한 연구의 내용과 제한점은 무엇인가

탁월한 경영성과와 지속가능한 경쟁우위와의 관련성은

경영전략에 경쟁우위를 달성하는 요소들을 반영하는 방법

전략의 핵심인 차별적 가치는 어떻게 실현되는가

전쟁 용어인 전략이란 단어가 비즈니스 세계에 등장한 것은 그리 오래되지 않았다. 전략이란 군대나 정치판에서 쓰는 말이지 비즈니스에는 어울리지 않는다고 여겨서다. 1964년 피터 드러커의 저서 『성과 경영』도 당초 제목이 『비즈니스 전략』이었지만 적절하지 못하다고 여겨 제목을 바꾸었다. 비즈니스 분야에서 전략이란 용어를 본격적으로 사용하게 된 것은 극히 최근으로 대략 1970년대 후반부터다.

비즈니스에서의 치열한 경쟁은 다분히 전쟁의 모습을 지니지만 양자의 성격은 매우 다르다. 전쟁과는 달리 비즈니스 세계에서는 끝나지 않는 경쟁을 지속한다. 시장에서 퇴출되기 전까지는 종전도 휴전도 없다.

전쟁에는 대부분 쌍방만이 존재하지만 비즈니스에서는 경쟁 상대가 언제나 둘을 훨씬 넘는다. 전쟁에서는 적과 전장戰場을 선택하기 어렵거나 거의 불가능하지만 비즈니스에서는 경쟁 상대를 선택해야 하고 적절한 전략을 구사하려면 반드시 경쟁 범위를 선택해야 한다. 따라서 비즈니스 전략은 군사 전략보다 어렵다. 더욱 격렬해지는 비즈니스 경쟁에서 승자가 되려면 쉼 없이 전략을 탐구하고 변경하고 실행해야 한다.

전장이든 비즈니스 현장이든 전략의 목표는 성과를 높여 승리를 얻는 것이다. 국가 간의 전쟁에서는 반드시 한쪽이 이긴다. 한 나라가 이기면 그 나라를 제외한 나머지 모두는 반드시 지는 제로섬Zero-sum 게임이다.

그러나 비즈니스 경쟁은 제로섬 게임이 아닌 경우가 많다. 경쟁에서 한 회사가 승자가 되었다고 해서 다른 경쟁사 전체가 망하는 것은 아니기 때문이다. 하나 이상의 승자가 있는 경우가 얼마든지 가능하다. 따라서 최소한 승자 그룹에 남아 있어야 한다.

비즈니스 전략은 경쟁자보다 탁월한 성과를 달성하기 위한 것이다. 즉 성과를 내는 핵심 요소가 전략이다. 그래서 전략의 요체는 경쟁자가 결코 모방하거나 따라잡을 수 없는 방식으로 고객가치를 제공해 이익을 창출하는 것이다.

전략은 조직의 목표를 성취하기 위한 비즈니스 모델을 활용해 승리하는 방법을 다룬다. 전략에서는 누가, 누구를 대상으로, 어떻게 경쟁할 것인가를 명확히 해야 한다. 따라서 전략의 주체와 경쟁 대상에 대한 이해가 선행되어야 한다. 경쟁의 방법을 찾기에 앞서 자신과 경쟁자의 인적, 물적, 제도적, 문화적 능력을 면밀히 비교, 검토해야 유리한 전략이 나온다. 뿐만 아니라 상대방과는 확연히 다른 차별적인 전략으로 싸워야 승산이 있다.

『손자병법』을 비롯한 여러 병서에서는 전쟁을 수행하는 데 필요한 군사와 병기 등 전쟁 자원과 함께 전쟁을 이끄는 최고 책임자의 자질과 능력을 가장 중요하게 여겼다. 손자는 '시계편始計篇'에서 다섯 가지를 승리의 기본 조건으로 제시했다. 바로 '도, 천, 지, 장, 법' 이다.

비즈니스 경쟁 차원에서 보면 기업의 사명에 해당하는 '도道'가 가장 앞선다. 이어서 사회적, 경제적, 기술적 환경을 뜻하는 '천天'과 경쟁의 싸움터, 곧 시장 특성인 '지地'가 있다. '장將'은 장수의 능력을 뜻하는데

지智, 신信, 인仁, 용勇, 엄嚴을 덕목으로 삼았다. 끝으로 기업의 내외 제도와 법규, 규제 등을 말하는 '법法'을 들고 있다.

비즈니스 전략의 출발점, 시장과 경쟁자

비즈니스 전략의 출발점은 시장과 경쟁자를 선택하는 것이다. 그런데 대부분의 시장은 단일한 경쟁 구조가 아니다. 잭디시 세스 에머리대 교수와 라젠드라 시소디어 벤틀리대 교수는 저서 『빅3 법칙』에서 같은 산업에 있는 기업들이라도 모두가 서로 경쟁하는 것은 아니라고 말한다.

대체로 동일 산업의 시장은 두 그룹의 전략 집단, 즉 제너럴리스트와 스페셜리스트로 구성된다. 따라서 회사가 선택한 전략 집단의 경쟁 상황에 따라 같은 산업이라도 비즈니스 전략은 차별적이고 매우 독창적인 방식으로 나타나게 된다.

제너럴리스트는 모든 주요 제품을 다루고 전체 시장 내에 있는 세부 시장 모두를 대상으로 한다. 전국 규모의 대형 할인점과 글로벌 자동차 메이커 등이 이에 속한다. 반면 스페셜리스트는 특정 제품이나 특정 지역 또는 특정 인구 계층의 수요를 만족시키는 전략 집단이다. 예컨대 한 가지 제품 계열만을 취급하는 제조업이나 전문점 그리고 지역 특화 전문점 등이 여기에 해당된다.

이처럼 비즈니스 전략은 대체로 사업이 전개되는 시장의 특성에 의해 결정된다. 오늘날 대다수의 산업에서 시장은 다수의 공급자가 경쟁하는 독점적 경쟁Monopolistic Competition 상황이다. 하지만 그 성격과 내용은 산업에 따라 매우 다양하다.

산업 조직론에서는 시장의 구조적 특성과 기업의 전략과의 관계를 'SSP' 또는 'SCP' 패러다임으로 제시한다. 즉 한 산업의 수요와 공급 조건은 시장의 구조Structure와 연결되고 기업 전략Strategy 또는 기업 행위Conduct에 영향을 미친 후 시장 성과Performance로 나타난다는 것이다.

그러나 시장 구조가 성과를 결정하는 것이 아니라 오히려 성과가 시장 구조를 결정한다는 주장도 있다. 대부분의 경쟁 시장에서는 소수의 효율적 기업이 독점 내지 과점 시장을 형성하기 때문이다.

1970년대 말까지의 경쟁 시장에 관한 연구에서는 동종 산업 내에서 활동하는 경쟁자들만 경쟁 구도를 형성하는 것으로 보았다. 그러나 1980년 마이클 포터 하버드대 교수는 저서 『경쟁전략』에서 이를 뛰어넘는 전략 분야에서의 획기적인 개념을 제안했다. '5가지 경쟁 요인5 Forces Model'이다. 현재의 시장 참여 기업뿐 아니라 새로운 참여자의 위협, 공급업자의 힘, 고객의 힘 그리고 대체재의 가용성 등도 동시에 고려해야 경쟁의 강도와 성격을 규정할 수 있다는 주장이다.

비즈니스 경쟁은 제로섬 게임이 아닌 경우가 많다. 하나 이상의 승자가 있는 경우가 얼마든지 가능하다. 따라서 최소한 승자 그룹에 남아 있어야 한다. 비즈니스 전략은 경쟁자보다 탁월한 성과를 달성하기 위한 것이다. 즉 성과를 내는 핵심 요소가 전략이다.

포터 교수는 5가지 요인의 상호 작용이 특정 산업의 경쟁 구도와 그 산업이 경쟁 스펙트럼에서 어디쯤 자리하게 되는지를 결정한다고 보았다. 이후 비즈니스 전략의 개발과 실행에 경쟁의 참여자와 경쟁의 범위 및 시장의 매력도를 종합적으로 파악해야 한다는 것이 정설이 되고 있다.

경쟁 시장 연구와 더불어 비즈니스 전략 연구의 핵심은 마케팅과학연구소MSI, Marketing Science Institute가 1972년부터 수행한 '마케팅 전략의 수익 효과PIMS, Profit Impact of Marketing Strategy' 프로젝트에서 확인할 수 있다.

이들은 미국과 유럽의 450개 주요 기업의 3000여 개 전략적 사업 단위를 대상으로 데이터베이스를 구축했다. 특정 시장 환경에서 어떤 전략의 선택이 경영 성과에 영향을 미쳤는가를 파악하는 것이 주된 관심이었다. 수익에 영향을 주는 여러 가지 전략적 변수들을 이용해 기업의 주요 경영 성과인 투자 수익률이 상대적 시장 점유율과 어떤 관계를 지니는가를 집중적으로 다루었다.

연구 결과 두 변수 간에는 매우 높은 정(+)의 관계가 나타났다. 상대적 시장 점유율이 높으면 수익률은 물론이고 경험 곡선 효과에 의해 원가 경쟁력까지도 높아진다고 주장했다. 따라서 많은 기업들은 시장 점유율을 높이는 전략이 최상이라고 믿게 되었다.

그러나 높은 시장 점유율 자체가 수익률을 증가시키는 것은 아니라는 사실이 이후의 여러 연구들에서 밝혀졌고 이것이 학계의 정설이 되었다. 더욱이 기업이 매출액이나 시장 점유율을 경영 목표로 추구하는 것은 아주 중대한 문제라는 지적도 등장했다.

대체로 높은 매출액과 시장 점유율은 이익률을 희생한 대가일 가능성이 높다는 것이다. 결국 좋은 비즈니스 전략이란 '이익을 내면서 매출 성장Profitable Growth을 이루는 것'이라는 주장이 설득력을 얻고 있다. 이익이야말로 기업 생존과 성장의 근원인 까닭이다.

비즈니스가 지향해야 할 목표, 독점 영역의 확보

탁월한 경영 성과는 경쟁자를 뛰어넘는 '지속가능한 경쟁 우위SCA, Sustainable Competitive Advantage'의 결과라고 보고 그것을 달성하는 요소들을 비즈니스 전략에 반영하려는 노력이 이어졌다. 주로 차별화와 낮은 원가를 지속가능한 경쟁 우위의 두 가지 원천으로 꼽는다.

포터 교수는 1985년 저서 『경쟁우위』에서 경쟁 우위를 가져오는 사업 특성으로 규모, 범위, 서비스의 질, 상품의 유일무이한 특징, 더 높은 효율성, 더 광범위한 경험, 브랜드 파워 등을 제시했다.

그러나 경쟁 우위라는 개념 속에 성공의 비결이 있다는 주장은 현실과 상당한 괴리가 있다는 것이 사실로 드러났다. 탁월한 기업들의 성공 비결을 경쟁 우위 개념만으로는 설명할 수가 없어서다. 예컨대 스타벅스의 성공은 '맛있는 커피에 대한 독점'이 비결이었다. 거기다가 자유로운 분위기와 직영 매장 운영 체제 등이 어우러져 독점적 성과를 실현했다.

저가 항공의 대표 주자인 사우스웨스트항공SWA의 성공 비결도 저렴한 항공료를 기반으로 한 독점이다. 또 렌트카 기업 엔터프라이즈는 자동차 정비소에 차를 맡긴 사람들을 독점적으로 상대해 비행기 여행자를 주 고객으로 하는 허츠나 에이비스와 달리 자신만의 시장 영역에서 상황적 독점을 누리고 있다.

이처럼 전략의 성공은 독점적 영역을 확보하고 독점적 지배력을 유지한 결과로 보아야 한다는 주장이 설득력을 얻고 있다. 충분한 기간 동안 소유할 수 있고 높은 이익을 누리는 독점적 영역을 차지하는 것이 바로 성공하는 전략이라는 것이다.

밀랜드 레레 시카고 경영대학원 교수는 저서 『독점의 기술』에서 "월마트의 샘 월튼, 마이크로소프트의 빌 게이츠, 워런 버핏의 성공 비결은 바로 독점"이라고 강조했다. 월마트는 지역 독점 전략으로 성공했고 워런 버핏은 독점력을 갖춘 기업에 투자해 부를 쌓았다는 것이다. 빌 게이츠는 윈도우라는 표준 PC 운용 체제로 컴퓨터 프로그램 시장을 독점적으로 장악했다.

결국 기업이 큰 폭의 이익을 누리며 지속적으로 성공을 이어 나가려면 어떤 종류든 적어도 하나 이상의 독점적 영역을 확보해야 한다. 이처럼 기업 경영자는 비록 자유 경쟁의 가치를 선도해 나가야 하지만 비즈니스의 목표는 결국 독점적 상태 쪽으로 가까이 가는 것이다.

비즈니스 전략의 핵심은 차별적 가치

전략의 목표이자 기업의 성과 지표인 이익의 창출 논리는 간단하다. 시장에서 매출을 높이고 다른 기업보다 비용을 낮추면 된다. 매출 향상을 위해서는 더 비싼 값에 더 많이 팔면 된다. 하지만 이것은 고객에게 부담을 지우는 일이며 설사 가능하더라도 많은 경쟁자를 불러들이게 된다.

한편 더 적은 비용으로 사업을 운영하려면 비용 절감을 철저히 실천해야 한다. 월마트는 더 싸게 더 많이 팔기 위해 연중 상시 저가 EDLP, Every Day Low Price 전략을 선언하고 이것으로 진입 장벽을 구축했다. 경쟁이 없는 중소도시에 진출함으로써 대도시의 할인점들과 직접 경쟁을 회피하는 차별화 전략을 취했다.

이처럼 최선의 전략은 경쟁을 하지 않는 것이다. 그리고 최상의 전략은 독점적 지위를 만들고 장기간 유지하는 것이다. 그러려면 독창성을 발휘하거나 높은 진입 장벽을 만들거나 전환 비용을 높여 고객들을 묶어 놓아야 한다.

요컨대 비즈니스 전략의 핵심은 경쟁자가 결코 모방하거나 따라잡을 수 없는 방식으로 고객가치를 제공해 이익을 창조하는 것이다. 고객들로 하여금 자사 제품 외에는 다른 선택이 없다고 믿게 해야 한다. 그러려면 반드시 경쟁 상대와는 뚜렷이 구별되고 경쟁자가 쉽게 모방할 수 없도록 차별화를 이루어야 한다.

비즈니스 전략이란 일과 방식을 어떻게 차별화할 것인가의 문제다. 여기에는 CEO의 전략적 사고가 매우 중요하다. CEO는 경쟁 상대를 잘 알고 그들과의 상호작용을 이해해야 한다. 경쟁자의 반응과 그들이 추구하는 가치에도 주목해야 한다. 자신의 기업과 고객들은 물론이고 경쟁자들의 입장에 서서 그들을 충분히 이해해야 비즈니스 전쟁에서 승리할 수 있다.

군사 전략가인 카를 폰 클라우제비츠는 저서 『전쟁론』에서 리더가 결단의 순간에 어떤 결정을 내리느냐가 전쟁의 승패를 결정짓는다고 말했다. 『손자병법』에서는 "싸우지 않고 적을 굴복시키는 것不戰而屈人之兵"이 최상의 전략이라고 했다.

이 말들은 비즈니스 세계의 CEO들과 비즈니스 상황에서도 동일하게 적용되는 원칙이다. 결국 비즈니스 전략은 단지 시장에서 잘 싸우는 기술이 아니다. 기업을 존속시키고 성장시키는 고도의 예술이다.

(2023년 4월호)

경영의 창으로 본 세상 2

05

마케팅은 고객가치학이다

마케팅의 핵심 개념은 무엇인가

고객가치는 기업 생존의 생명줄

좋은 기업문화는 고객가치를 지속적으로 실현하는 바탕이다

고객가치를 지향하는 마케팅은 세 가지 기본을 갖추어야 한다

그것은 차별성, 단순성, 진정성이다

'규칙 1, 우리의 고객은 언제나 옳다. 규칙 2, 고객이 옳지 않다고 생각하면 다시 규칙 1을 읽어라.'

낙농 제품을 판매하는 소매점, 스튜 레오나드Stew Leonard의 마케팅 신조다. 무려 4톤이나 되는 큰 돌덩어리에 이 글귀를 새겨서 점포

입구에 세워 놓았다. 고객만족을 기업 이념으로 천명한 것이다.

'고객은 두 번째이고 종업원이 첫째Customer comes second, Put your people first'라는 구호도 있다. 사실 이 또한 내부고객과 외부고객이 동시에 만족되어야 함을 강조한 말이다. 직원이 행복해야만 고객이 만족하는 서비스를 제공할 수 있다는 의미다.

이처럼 마케팅은 물건만을 파는 것이 아니다. 고객만족이 핵심이다. 고객이 원하는 가치를 창조해 고객이 원하는 방식으로 전달하는 것이 마케팅이다. 어떠한 마케팅 전략과 노력도 결국은 고객만족과 고객행복을 지향한다.

그래서 많은 기업들이 고객만족, 고객감동, 고객제일주의, 고객가치 창조 등을 기업의 사명으로 내세운다. 종래 '이익 없이 사업 없다No profit, No business'에서 '고객 없이 사업 없다No customer, No business'로 사업의 기본 개념이 바뀐 것이다.

고객 없이 사업 없다

모든 기업들은 고객가치와 고객만족을 강조한다. 그러나 이 용어들이 마케팅의 핵심 키워드가 된 것은 그리 오래되지 않았다. 마케팅의 본고장인 미국에서도 20세기 초까지는 마케팅을 상품과 서비스를 원활하게 유통시키는 기업 활동으로 보았다. 20세기 말에는 교환을 창출하고 촉진하기 위한 일련의 기업 활동을 마케팅이라고 했다.

21세기 초에 와서야 비로소 고객가치라는 용어가 처음 등장했다. 2004년 미국마케팅학회는 마케팅을 고객가치의 창조, 소통, 전달 과정으로 보고 고객, 이해관계자와의 호혜적 관계를 관리하는 기업 활동으로 정의했다. 마케팅의 대상이 종전의 아이디어, 상품, 서비스에서 마침내 고객가치로 변한 것이다.

흔히들 판매와 마케팅의 차이를 '코페르니쿠스적 사고의 대전환'에 비유한다. 태양계의 중심이 지구에서 태양으로 옮겨진 것처럼 시장의 주도권을 생산자나 판매자 중심에서 고객 중심으로 바꾸었기 때문이다.

판매란 고객들에게 가급적 많은 상품을 구매하도록 설득하는 일이다. 반면 마케팅은 고객으로부터, 고객 가까이에서, 고객의 입장에서, 고객가치를 창출하는 것이다. 특히 21세기 서비스 경제에서는 수많은 서비스가 창출되고 경쟁이 치열해지면서 소비자 주도의 장터가 되었다. 소위 수요자 시장으로 바뀐 것이다.

그러나 지금도 여전히 생산자와 판매자가 주도하고 소비자는 그저 주어진 것들 가운데 선택을 강요받는 경우가 적지 않다. 마케팅적 사고와 관행이 정착되지 않은 탓이다.

고객과 함께하는 마케팅

마케팅은 고객가치학Customer Valueology이다. 가치란 고객이 지각한 혜택Benefits에서 부담해야 할 비용Cost을 차감한 것이다. 비용에는 고객이 지불하는 가격과 함께 여러 가지 불편함과 각종 위험까지 포함된다. 그러므로 고객가치는 오롯이 고객이 판단한 결과다.

생산자나 판매자가 아무리 훌륭한 가치를 제안하더라고 가치의 결정은 고객의 몫이다. 따라서 상품이나 서비스에 무슨 가치를 담아야 하고 그 가치를 고객에게 어떻게 소통하며 어떤 방식으로 전달할 것인가도 당연히 고객의 시각에서 방도를 찾아야 한다.

그러려면 마케팅은 '고객에게로To'가 아니라 '고객과 함께With'여야 한다. 앨빈 토플러는 저서 『제3의 물결』에서 프로슈머Prosumer라는 용어를 제안했다. 소비자가 더 이상 소비만 하는 존재가 아니라 제품의 개발 및 생산에도 참여한다는 것이다.

이제 고객은 제품 개발의 조력자인 동시에 홍보와 마케터의 역할까지 하며 긍정적 입소문과 이미지를 높이기도 한다. 소비자가 생산자와 함께하는 공동 가치 창조Cocreated Value 시대가 된 것이다. 패션 브랜드 어스US by StyleShare는 '우리에 의한, 우리를 위한Made for US, Made with US'이라는 캐치프레이즈로 제품 기획부터 홍보에 이르는 전 단계에서 사용자의 목소리를 듣고 고객의 참여를 적극 유도한다.

'브랜드가 없는 것이 브랜드'인 무인양품Muji은 고객의 능동적 참여로 성공했다. 이 회사는 고객이 중시하는 가치를 '기본으로 충분하다'라는 개념으로 정의했다. 그리고 본질에 충실한 제품을 만들려는 자세를 고집한다. 무지러Mujirer라 불리는 열성 고객들이 제품 아이디어 개발 단계에서 테스트 단계까지 참여해 출시 이전에 먼저 사용해 보고 그들의 적극적인 추천을 받은 것만 신제품으로 출시한다.

책이 아니라 라이프스타일을 판매하는 츠타야 서점도 고객이 바라는 가치를 업의 본질로 규정한다. 창업자인 마스다 대표는 "서점이 책을 팔았기 때문에 위기가 찾아왔다."라고 통찰했다. 그리고 고객가치를 끊임없이 새롭게 제안하는 매장으로 변모한 결과 숱한 서점들이 매출 격감으로 문을 닫을 때 유일하게 성장을 거듭했다.

'창조적 소비자'란 의미의 크리슈머Creasumer도 등장했다. 프로슈머에서 진일보한 소비자 개념이다. 이들은 실제 자신들의 경험을 바탕으로 상품을 직접 만들거나 추가할 가치가 있는 것들을 주도적으로 만들어 낸다.

2004년 파산 위기에 직면한 레고는 고객과의 공동 창조를 통해 위기에서 벗어났다. 공동 창조를 완벽하게 이해한 바탕 위에서 크리슈머를 제품 개발에 참여시키고 그들이 창출한 아이디어를 선별해서 상품을 출시하는 '레고 아이디어즈Lego Ideas' 프로그램을 운영한다. 이러한 공동 창조 플랫폼 덕분에 레고는 새로운 고객가치를 창조하며 회생할 수 있었다.

불변의 마케팅 원칙

마케팅 구루 세스 고딘이 저서 『마케팅이다』에서 주장한 대로 마케터는 항상 두 가지 핵심 질문에 대답할 수 있어야 한다. 그것은 '누구를 위한 것인가'와 '무엇을 위한 것인가'이다. 우리의 진정한 고객은 누구인지 그리고 그들이 가장 소중하게 여기는 가치는 무엇인지를 정확하게 아는 것이 마케팅의 핵심이다.

판매자 주도의 설득형 마케팅은 더 이상 설 자리가 없어 보인다. 마케팅의 승패는 결국 고객이 원하는 가치를 고객과 함께, 더 나아가 고객 주도로 창출하고 소통하고 전달하는 데 달려 있다. 그러므로 불변의 마케팅 원칙은 단연코 고객가치를 창조하고 지속적으로 실천하는 것이다.

팔리지 않는 상품의 공통점은 생산자나 판매자가 고객가치를 정의하고 판단하는 중심에 서 있다는 것이다. 이 경우 고객은 예외 없이 가치 판단과 가치 창출 과정에서 제외된다. 지금까지 소비용품 마케팅에서는 제품의 교환가치가 주로 강조되었다. 그 결과 고객의 사용가치는 상대적으로 경시되었다.

하지만 고객은 제품을 소유하고 사용하는 데서 가치를 경험한다. 특히 서비스의 경우 고객은 서비스를 이용할 때만 온전히 가치를 느끼고 평가한다. 이처럼 가치란 사용하고 소비하는 단계에서 고객의 욕구 충족에 기여하는 정도로 결정된다.

고객가치란 고객이 가치가 있다고 판단하는 것이다. 따라서 고객이 마케팅 게임을 주도한다. 생산자나 판매자로서는 고객의 판단이 다소 비합리적이고 엉뚱하게 보일 수도 있다. 예를 들어 어떤 고객은 가성비가 높은 실속 브랜드를 제쳐 두고 고가의 브랜드를 별 생각 없이 쉽게 구입한다. 단순한 기능만 지닌 투박한 제품이 오히려 정교한 고기능 제품보다 훨씬 더 큰 인기를 누린다.

하지만 가치의 최종적 선택은 전적으로 고객의 몫이다. 고객이 가치가 있다고 생각하는 것만 시장에서 살아남는다. 당연히 고객의 선택을 받은 제품이 좋은 것이고 잘 팔리는 제품이 가치가 높은 제품이다. '기업이 가치 있다고 생각하는 것'이 아니라 '고객이 가치 있다고 인정하는 것'이라야 고객으로부터 외면을 당하지 않는다.

그래서 고객가치는 기업의 생존을 지켜 주는 생명줄이다. 이는 김종훈 전 LG 상품기획 총괄그룹장이 저서 『고객가치』에서 강조한 말이기도 하다. 기업과 고객을 연결해 주는 유일한 연결고리가 고객가치이기 때문이다. 의미 있는 고객가치를 만들어 내지 못하는 순간 생명줄은 끊어지고 잘나가던 기업조차도 어느 순간 시장 밖으로 사라지고 만다는 것이다.

실질적이고도 차별적인 고객가치를 지속적으로 창출하는 기업만 살아남는다. 그래서 최고 브랜드는 고객이 바라는 가치를 끊임없이 집요하게 파고든다. 고객가치는 계속 변하고 같은 성공은 반복되지 않기 때문이다.

고객가치를 지속적으로 실현하려면 좋은 기업문화가 있어야 한다. 성공한 기업에는 예외 없이 고객가치에 대한 강한 신념과 훌륭한 기업문화가 자리 잡고 있다. 그런 기업에서는 당연히 모든 구성원들이 고객가치의 본질과 내용을 이해하고 공유한다.

모든 의사결정도 고객가치 중심으로 이루어진다. 구성원의 사고와 판단 기준은 물론이고 성과의 평가도 고객가치의 실현에 기준이 맞춰진다. 그 결과 고객가치 중심의 일하는 문화가 정착되고 실질적이며 차별적인 고객가치가 끊임없이 창출된다. 아마존과 자포스가 바로 그런 기업이다.

아마존에는 '고객 집착Customer Obsession'이라는 경영 원칙이 있다. 고객에게 최적 가격, 다양한 품목, 빠른 배송 등 최고의 쇼핑 경험을 제공하겠다는 창업자 제프 베조스의 고객가치에 대한 신념의 표현이다. 이 회사에는 고객가치를 실천하려는 고객 중심의 기업문화가 잘 정착되어 있고 '서비스가 더 이상 필요 없는 완벽한 서비스Best service is No service'를 추구한다.

온라인으로 신발을 파는 자포스는 최고의 고객 서비스를 제공하는 브랜드다. '세상에 행복을 배달하는 회사'가 되는 것이 비전이다. 자포스에서는 모든 종업원들이 마음 맞는 사람들과 웃고 떠들며 놀듯이 일한다. 행복한 문화, 행복한 브랜드를 지향한다. 그리고 고객들은 이들의 문화에 감동하며 박수를 보낸다.

고객가치를 지향하는 마케팅의 기본 3가지

고객가치를 지향하는 마케팅은 세 가지 기본을 갖춰야 한다. 차별성, 단순함 그리고 진정성이다.

첫째, 고객으로부터 가치를 인정받으려면 차별화가 필수다. 경쟁 제품에서 몇 가지를 바꾸거나 덧붙이는 정도로는 가치를 제대로 인정받기 어렵다. 본질을 바꾸는 '의미의 다름'을 만들어 내야 더 새롭고 더 신선하며 더 가치 있는 차별적 브랜드가 된다.

문영미 하버드 경영대학원 교수는 저서 『디퍼런트』에서 기존의 브랜드와는 전혀 다름을 추구하는 브랜드를 '아이디어 브랜드'라고 불렀다. 이들은 애당초 경쟁이나 비교 따위에는 아무런 관심이 없다. 기존의 브랜드와는 완전히 다른 시각으로 '의미'의 진정한 차별성을 추구해 전혀 다른 고객가치를 창조하기 때문이다.

둘째, 복잡하게 얽혀 있는 사건을 제대로 해결하려면 곁가지를 모두 걷어 내고 문제를 가능한 한 단순화해야 한다. 그래야 문제의 핵심을 볼 수 있다. 건전한 상식에 근거한 '단순함'은 좋은 마케팅 전략이다.

애플의 창업자인 고 스티브 잡스는 단순함에 미친 사람이었다. 단순화로 탁월한 고객가치를 제공할 수 있다는 것이 그의 변치 않는 신념이었다. 잡스의 전기에서 월터 아이작슨은 "그는 버튼을 제거해 장치를 단순화했고, 기능을 줄여 소프트웨어를 단순화했으며, 옵션을 없애 인터페이스를 단순화했다."라고 기록했다.

애플의 아이폰과 아이패드는 걸음마를 배우는 아이들도 가지고 잘 논다. 이렇듯 직관적이고 쉽게 사용하도록 만들어진 것이 애플의 고객가치를 최상으로 이끈 비결이다.

잡스가 말한 대로 기막히게 위대한 제품에는 단순화를 통해 고객을 열광하게 만드는 요소가 생생하게 구현되어야 한다. 고객 입장에서 불필요한 요소를 최대한 버리고 고객가치의 일관성을 유지하는 것이다. 그는 사용자가 가장 편하게 쓸 수 있는 단순화된 전자기기를 만드는 일, 즉 편의성을 늘려 효용을 증대시킨 후 유용성과 예술성을 더해서 애용품으로 만들어 냈다.

셋째, 물건을 살 때 사람들이 가장 중요하게 생각하는 것은 상품이나 서비스 자체가 아니라 배려와 진정성이다. 고객과의 좋은 관계도 진정성이 바탕 되어야 한다. 기업의 존재 이유는 고객과 사회에 진정으로 유익한 일을 하는 데 있다. 존재의 이유가 분명한 기업은 강하다.

탐스TOMS는 빈민국 아이들에게 신발을 나누어 주기 위해 탄생했다. 페이스북의 목표는 세상을 연결하는 것이다. 파타고니아는 언제나 옳은 일을 한다는 것을 신조로 지키며 지구 환경을 보호한다.

발레리나가 피루에트Pirouette라는 우아한 회전을 할 때는 '스폿팅

Spotting' 기술로 몸의 균형과 제어를 유지한다. 한 바퀴를 돌 때마다 눈을 맞추는 한 지점을 정해 두는 것이다. 우아한 마무리를 하려면 그 초점을 잃지 않아야 한다. 마케팅의 초점은 고객가치다. 우리 기업의 고객가치는 무엇인가. 그것에 초점을 맞추어 지속적으로 고객의 인정을 받는 것이 마케팅이다.

(2023년 3월호)

06

'No Brand'도 브랜드인가

브랜드는 마케팅의 핵심이다
노브랜드도 좋은 브랜드가 될 수 있는가
좋은 브랜드란 어떤 것인가
브랜드 가치와 브랜 드자산과의 관계
브랜드 전략의 핵심인 브랜드 정체성, 브랜드 이미지,
브랜드 개성은 무엇인가

"어느 것이 더 맛있습니까?" 오래 전 코카콜라와 펩시콜라를 두고 관능 검사Blind Test를 한 결과 응답자의 70%가 펩시콜라라고 답했다. 그러나 브랜드를 노출시킨 후 실시한 동일한 질문에는 정반대의 결과가 나타났다. 소비자의 제품 판단에 브랜드가 미치는 위력을 여지없이 보여준 사례다.

2012년까지 코카콜라는 글로벌 브랜드 컨설팅 그룹 인터브랜드가 발표하는 '베스트 글로벌 브랜드'에서 세계에서 가장 가치 있는 브랜드로 선정되었다. 2013년부터 애플에 1위 자리를 내주었지만 여전히 매우 강력한 브랜드 파워를 지니고 있다.

브랜드 만능 시대의 좋은 브랜드

브랜드가 마케팅의 핵심으로 자리를 잡은 것은 이미 오래전 일이다. 요즘은 상품이나 서비스뿐 아니라 여러 유형의 조직 그리고 스포츠와 예능, 나아가 도시와 기관, 심지어 개인까지도 브랜딩에 사활을 건다. 모든 것이 브랜드화되면서 이제는 브랜드 만능 시대가 되었다.

기업에서는 브랜드 관리가 곧 마케팅이라고 생각한다. 브랜드가 상품의 경쟁력은 물론이고 기업의 가치도 높여 성장의 핵심 엔진으로 인식되기 때문이다. 나아가 강하고 친근한 브랜드는 조직의 이미지와 명성까지도 높여 준다.

브랜드 마케팅의 목표는 장수 브랜드를 만들고 그 브랜드 명성이 새로운 고객과 새로운 시장 진출로 이어지게 하는 것이다. KMAC가 발간한 '브랜드를 이끄는 브랜드'에 따르면 장수 브랜드는 불황에도 성장하며 역경에서도 일어나고 미래 시장을 여는 힘이 있다. 특히 강한 브랜드가 만들어 내는 제품, 고객 확장력은 치열한 경쟁 시장에서 매우 중요한 의미를 지닌다.

2023년 4월 KMAC는 '2023 한국산업의 브랜드파워K-BPI' 인증식에서 40여 개의 각 산업별 1위 브랜드를 선정 발표한 바 있다. 2023년으로 25주년을 맞은 K-BPI는 국내 최초의 브랜드 진단 평가 제도다. 전사적 브랜드 경영을 통해 소비자의 고객 만족과 삶의 질 향상에 기여한 기업의 브랜드 파워를 측정해 발표하며 좋은 브랜딩을 위한 노력을 장려해 왔다.

좋은 브랜드란 어떤 것인가. 소비자의 마음을 사로잡는 힘이 강한 브랜드가 좋은 브랜드다. 소비자의 기억 속에 긍정적 이미지로 또렷이 오래 남아 있고 전파력이 강한 브랜드다. 좋은 브랜드는 평판이 높고 경쟁 브랜드와 차별성이 두드러진다. 또한 꿈과 열정, 따스함이 녹아 있는 감성적인 브랜드가 좋은 브랜드다.

좋은 브랜드의 다른 표현으로 브랜드 파워 또는 파워 브랜드란 개념도 있다. 어떤 용어가 사용되든 좋은 브랜드는 저절로 생기지 않는다. 브랜드를 통해 소비자와 어떤 관계를 맺으려는 것인지 분명히 설정해야 한다. 마케팅이 소통이라면 브랜딩은 관계이기 때문이다. 따라서 브랜드의 존재 이유를 명확히 하고 소비자에게 전하려는 브랜드의 가치와 의미를 일관성 있게 전달하며 충실하게 실천해야 한다.

곤잘로 부르호 인터브랜드 글로벌 회장은 "성공적인 브랜드는 새로운 기술을 활용해 소비자에게 향상된 경험을 제공하고 삶의 진정한 일부가 되는 방법을 알아야 한다."라고 말했다. 또한 가장 좋은 브랜드란 인간Human을 강조하는 브랜드라고 역설했다. '휴먼 라이프'를 증대시키고 삶에 직접적인 도움이 되는 브랜드여야 한다는 것이다.

애플, 아마존 등은 상업적 브랜드지만 인간의 삶을 매우 편리하도록 변화시켰다. ESG경영이나 활동 등을 통해 사회에 좋은 영향을 미친다면 그 역시 좋은 브랜드라고 할 수 있다. 반면 CEO의 경영 철학이 윤리적으로 바르지 않으면 그 브랜드는 오래 존속할 수 없다.

좋은 브랜드의 브랜드 자산

단순히 가격과 성능을 보고 지갑을 열던 시대는 오래전에 지났다. 지금 소비자들은 브랜드의 영혼을 본다. 영혼이 있다고 느껴지는 좋은 브랜드와 그렇지 않은 브랜드의 차이는 바로 '왜Why'에서 출발한다. '왜 이 일을 하는지', '왜 우리여야만 하는지'를 분명히 설명할 수 있어야 한다. 모든 것이 빨리 변하는 시대에서 결코 변하지 않는 나만의 가치를 제안하는 일이다.

좋은 브랜드에는 차별적이며 진정한 가치가 들어 있다. 그 결과 정체성과 좋은 이미지를 지니고 소비자들의 신뢰와 충성심을 확보하게 된다. 좋은 브랜드는 결코 쉽게 모방하거나 따라잡기 어려운 핵심 가치를 가진다. 그리고 좋은 브랜드의 핵심 가치는 브랜드 자산으로 연결된다.

브랜드 자산이란 무엇인가. 브랜드 자산을 형성하는 요소에 대해서는 학자들 사이에 다양한 견해가 있으나 대체로 데이비드 아커의 이론을 수용한다. 브랜드 자산이 브랜드 충성도, 브랜드 인지도, 품질에 대한 소비자 인식, 브랜드 연상 등 네 가지로 구성된다는 주장이다.

고객 충성도가 높을수록, 브랜드 이름을 알고 있는 고객의 수가 많을수록, 고객이 브랜드의 품질이 높다고 인식할수록, 브랜드와 함께 고객이 떠올리는 연관 이미지가 강력하고 긍정적일수록 해당 브랜드의 가치가 높다는 것이다. 따라서 브랜드 자산은 오로지 고객의 브랜드 인식과 브랜드 이미지가 결정한다.

브랜딩은 브랜드 이미지를 구축하는 작업이다. 소비자들이 브랜드를 만나면 그들은 차별화된 브랜드 이미지와 브랜드 개성을 지각하게 된다. 브랜드의 이미지가 자신과 유사하거나 일치될 때 소비자는 그 브랜드를 인식하고 애호하게 된다.

이미지가 주는 효과가 강화될수록 소비자는 지속적으로 그 제품을 구매하며 충성도를 높여 나간다. 특히 제품이나 서비스가 품질이나 기능면에서 확실한 차이가 없는 제품 시장에서는 브랜드 이미지와 브랜드 개성이 선택의 결정적 기준이 된다.

예를 들어 생수나 커피, 선풍기나 전자레인지 등을 선택할 때는 브랜드가 구매의 결정적 요소가 되는 경우가 많다. 따라서 브랜드가 지닌 의미를 소비자에게 일관성 있게 전달하고 좋은 반응을 얻어 내는 것이 가장 중요하다.

브랜드는 소유권뿐 아니라 정체성을 표현하는 마케팅의 중요한 도구다. 본래 브랜드란 낙인, 즉 무언가의 소유권을 나타내는 표식이었다. 이후 제품이나 작품의 출처와 권리를 표시하는 역할을 거쳐 이제는 다른 경쟁 제품과의 차별성을 나타내기 위해 사용된다.

브랜드 네임, 심벌 마크, 슬로건, 캐릭터뿐 아니라 드러나지 않는 요소들이 브랜드를 만든다. 예컨대 모양, 색깔 등 특징들 그리고 통일, 조화, 대비, 균형, 비례, 변화 등 조형 원리와 공간, 거리, 향기, 빛과 조명 등 모든 감각적 요소들이 브랜드에 내재되어 있다. 이러한 브랜드 요소들은 감각 혹은 경험을 통해 소비자의 기억 속에 이미지로 남는다. 그리고 그 이미지는 브랜드에 대한 생각과 정의로 이어져 브랜드 정체성이 된다.

브랜드 전략의 핵심, 이미지

브랜드 전략의 핵심은 브랜드 정체성을 토대로 브랜드 이미지를 만들어 내는 것이다. 소비자가 바람직하게 여기는 브랜드 정체성을 만드는 작업이 우선이다. 데이비드 아커는 브랜드 정체성을 '목표로 하는 이미지를 창조하고 유지하려고 하는 브랜드 연상 이미지들의 묶음'이라고 정의한다.

브랜드 마케팅은 목표 고객이 바람직하게 여기는 이미지를 창출하고 그것을 토대로 '내가 곧 나'임을 나타내는 브랜드 정체성을 확립해 고객들이 좋아하는 브랜드 이미지를 만들어 나가는 것이다. 이처럼 모든 브랜드는 자신만의 이미지를 만들어서 경쟁 브랜드와 차별화해 브랜드 이미지를 강화시켜 나간다.

21세기는 이미지가 세상을 지배하는 시대다. 이미지란 다양한 의미로 사용되지만 그 본질은 어떤 대상에 대한 느낌이다. 어떤 제품이 좋을 것이라는 강력한 느낌이 작용할 때 브랜드 파워가 나타난다.

물론 대상에 대한 느낌은 소비자의 유형에 따라 크게 달라질 수 있다. 예컨대 승용차 시장에서 소비자들이 느끼는 자동차의 이미지는 전혀 다르게 나타난다. 수입 승용차 가운데 벤츠, BMW, 토요타는 각기 다른 이미지를 추구한다.

중장년층의 중후한 고품격 이미지를 가진 벤츠와 달리 BMW는 진취적 성향의 젊은 이미지를 지닌다. BMW의 마니아들이 만들었다는 슬로건 '내 창문을 깨라Break My Windows'나 '나의 아내가 되어 주세요Be My Wife'가 그것을 대변한다. 한편 하이브리드 자동차의 원조격인 토요타는 가성비가 높은 고품질의 자동차라는 이미지가 강하다.

이처럼 브랜드는 특정 이미지를 표출한다. 또한 신뢰와 욕구 충족을 위한 다양한 상징과 은유도 포함되어 있다. 따라서 목표 고객의 개성과 일치시키기 위해 브랜드에 개성을 부여하는 작업은 브랜드 마케팅에서 매우 중요한 과업이다.

브랜드 개성이란 제품을 사람으로 간주하고 제품에 부여하는 특성들의 집합이다. 브랜드를 의인화해 일련의 인간적 특성을 부여하면 소비자들에게는 상징적 의미로 다가온다. 소비자가 브랜드 개성을 뚜렷하게 인식하게 되면 그 브랜드처럼 되고 싶은 소비자들은 브랜드의 사용을 통해 자신을 표현한다.

브랜드를 자신과 동일시할 때 생성되는 브랜드에 대한 애정은 각별하다. 그들은 브랜드의 팬이 되고 그들의 생각과 행동 모든 것이 브랜드와 닮게 된다. 브랜드를 자신의 일부로 생각하게 만드는 공감대가 형성되어 충성 고객이 된다.

브랜드 전략의 목표, 포지셔닝

브랜드 전략의 목표는 지명도가 높은 유명 브랜드가 되어 많은 소비자들로부터 선택을 받는 것이다. 유명 브랜드는 고객 인지도가 높고 신뢰를 받아 고객의 애착과 충성도가 높다. 경쟁으로부터 보호를 받아 시장 지위가 안정된다. 또한 유명 브랜드는 브랜드가 스스로 마케팅하기 때문에 마케팅 비용 면에서도 큰 혜택을 누린다.

하지만 브랜드가 아무리 유명하더라도 고객과의 약속이 행동으로 뒷받침되지 않으면 그 명성은 오래 가지 못한다. 말과 실천이 함께 가야 신뢰를 얻어 성장하고 진화한다. 고객의 신뢰로 브랜드를 키워

나갈 때 브랜드의 가치와 브랜드 자산이 높아진다.

특정 브랜드의 경제적 가치가 브랜드 자산Brand Equity이다. 브랜드는 거래 대상이 될 수 있는 자산이지만 무형의 브랜드를 경제적 가치로 환산하는 것은 본질적 한계를 지닌다. 어떤 측정 방법에도 신뢰성에 의문이 제기되기 때문이다.

다만 대외적인 브랜드 파워를 확인하는 측면에서 참고할 만하다. 예를 들어 인터브랜드는 매년 전 세계 100대 브랜드를 '베스트 글로벌 브랜드'로 발표하는데 2022년에는 1위에서 4위까지가 애플, 마이크로소프트, 아마존, 구글 등 미국 기업이었고 우리나라 기업으로는 삼성5위, 현대35위, 기아87위가 100위 안에 들었다.

인터브랜드에 따르면 높은 성장률을 보인 브랜드들은 방향, 민첩성, 참여 측면에서 두각을 나타냈다. 먼저 방향이란 브랜드가 명확한 방향을 설정하고 전체 조직이 가고 있는 방향을 알며 동일한 목표를 향해 노력하는 것이다. 즉 브랜드 정체성과 조직 목표와의 일치성을 강조한다.

둘째, 민첩성이란 작업을 수행한 후 빠르게 움직여서 새로운 제품과 서비스를 시장에 출시하고 필요에 따라 변화하는 고객의 요구 사항을 해결하는 것이다. 셋째, 참여는 궁극적으로 사람들을 참여시키고 매력적인 브랜드 세상을 만들기 위한 운동의 일부로 만드는 일이다.

요즘은 소비자가 제품을 구입할 때 이성적 판단보다는 감성적 반응에 의존하는 비중이 높아졌다. 따라서 브랜드는 언제나 좋은 느낌으로 기억되어야 한다. 소비자의 마음에 브랜드가 확실히 자리를 잡아 브랜드를 좋아하게 만드는 것이 마케팅의 핵심이다. 이것이 포지셔닝 전략이며 브랜드 전략은 바로 이러한 포지셔닝 개념에서 비롯되었다.

어떻게 브랜드를 인식시킬 것인가

잭 트라우트와 앨 리스는 1981년 저서 『포지셔닝』에서 "마케팅은 제품의 싸움이 아니라 인식의 싸움이다."라고 했다. 브랜딩의 중요성을 강조한 말이다. 브랜딩이란 소비자의 마음에 브랜드 콘셉트에 대한 인식을 심는 과정이기 때문이다.

결국 마케터의 임무는 소비자의 마음에 변화를 주어 소비자들이 자사의 브랜드를 좋아해서 상품과 서비스의 차별적 브랜드 혜익을 체험하도록 하는 것이다. 마케팅은 핵심 가치를 품고 있는 브랜드 콘셉트를 고객 체험을 통해 고객의 마음에 꾸준히 심어 주는 비즈니스 활동이다.

예를 들어 일본 대형 슈퍼마켓 세이유의 유통업자 브랜드PB인 무지MUJI는 무인양품의 앞 두 음절을 소리 나는 대로 적은 영문 브랜드다. 무인無印은 글자 그대로 '브랜드가 없다'란 뜻이다.

이러한 무지에는 핵심 가치가 잘 녹아 있다. 문자 그대로 이름도 없고 표현도 자제하며 정말 필요한 것만 취하는 브랜드다. 고객에게 꼭 필요한 기능만을 갖추어야 한다는 미니멀리즘을 PB에 담았다. 웹 사이트의 '무엇이 무지인가'의 설명에서 무지는 '텅 빈 그릇'과 같은 존재이고 비어있는 그곳에서 사람들의 다양한 생각을 받아들이는 유연함을 간직한다고 했다.

일본에 무지가 있다면 한국에는 이마트의 '노브랜드No Brand'가 있다. 노브랜드는 브랜드 네임 아래 '브랜드가 아니다. 소비자다'라는 슬로건을 내걸고 소비자에게 혜택을 주는 브랜드임을 강조한다.

즉 소비자 중심의 브랜드임을 제대로 밝혔다. '낮은 가격과 높은 가성비'의 상품력으로 고객들에게 실질적 혜택을 제공하기 위해 최선을 다한다는 약속이다. 하지만 여기에다 다른 대형 마트의 PB들과 구별되는 노브랜드만의 차별적 가치를 보다 명확히 말해 주어야 한다. 브랜딩의 핵심은 '자기다움'이고 그것이 비즈니스의 성패를 결정하기 때문이다.

(2023년 6월호)

경영의 창으로 본 세상 2

07

모든 비즈니스는 스토리텔링이다

비즈니스 성공은 비즈니스 스토리에 달려있다

고객이 진짜로 구매하고 싶어 하는 것은 스토리다

스토리의 내용, 형식, 확산 전략은 어떠해야 하는가

비즈니스 스토리와 비즈니스 모델과의 관련은

비즈니스 모델은 어떻게 혁신되어야 할까

세상에는 이야깃거리가 너무 많고 듣는 이들의 관점 또한 매우 다양하다. 스토리텔링은 세상을 보다 쉽게 이해하게 해 주고 아이디어를 퍼뜨리는 최선의 방법이다. 이야기의 힘이 모든 것을 지배하는 세상이 되었다. 오늘날 비즈니스 성공은 스토리를 제대로 만들고 그것을 이야기로 전달하는 능력에 달려 있다. 비즈니스 스토리는 고객이 구매하는 상품의 일부이며 정작 고객이 구매하고 싶은 것은 스토리 그 자체일 수도 있기 때문이다.

예술가의 수첩으로 유명한 몰스킨은 '수첩이 아니라 아직 쓰지 않은 책'이라며 빈 수첩을 소개한다. 이로써 수첩은 나를 표현하고 나를 행복하게 해 주는 가치를 지닌 창작 도구로 자리매김한다. 헤밍웨이도 썼고 피카소도 썼다는 몰스킨을 구매하는 사람은 단순한 수첩이 아니라 예술 도구를 사는 셈이다.

이처럼 독특하고 감동적인 이야기가 있을 때 그 비즈니스는 시장에서 살아남는다. 고객을 열광시키는 이야기를 만들어 효율적으로 전달해야만 경쟁에서 승리할 수 있다. 그리고 이야기는 다시 혁신적인 비즈니스와 참신한 이야기로 이어진다.

마케팅은 이야기를 들려주는 일

피터 드러커가 기업 성공의 필수 조건으로 강조한 '혁신과 마케팅'도 결국은 고객이 진정 바라는 새롭고 기발한 비즈니스 스토리를 만들어서 고객에게 전파하고 고객이 좋아하고 믿게 만드는 것이다.

애플은 사람들이 표준에 도전하는 일에 관해, 나이키는 불가능에 도전하는 사람들에 대해, 에어비앤비는 세계 곳곳을 누비는 여행자들을 대상으로 비즈니스 스토리텔링을 한다. 헨리 포드, 빌 게이츠, 스티브 잡스, 제프 베조스, 일론 머스크, 이병철, 정주영, 이건희 등 당대 최고의 CEO들은 모두가 자기만의 혁신적인 비즈니스 이야기를 들려줌으로써 고객의 박수와 찬사를 이끌어 낸 사람들이다.

마케팅도 당연히 이야기가 핵심이다. 마케팅은 제품이나 서비스를 설명하는 것이 아니라 고객이 정말 듣고 싶어 하는 이야기를 들려주는 일이다. 성공한 모든 제품에는 반드시 멋진 이야기가 담겨 있다. 따라서 마케팅 활동은 스토리와 결합해야 고객의 관심을 끌고 시장을 주도할 수 있다.

마케팅의 최종 목표인 고객 만족도 고객에게 전달하려는 스토리가 제대로 소통되지 않으면 구두선에 불과하다. 따라서 마케팅은 소비자에게 들려줄 아이디어를 재미있고 생생한 이야기로 만들어 퍼뜨리는 일이다.

『마케터는 새빨간 거짓말쟁이』라는 도발적인 제목의 책에서 세스 고딘은 스토리텔링이야말로 아이디어를 퍼뜨리는 유일한 방식이며 기업의 미래라고 강조한다. 무엇보다 사람들은 스토리를 좋아하기 때문에 사실 그대로를 말하기보다는 스토리를 이야기하라고 한다.

그의 또 다른 책 『보랏빛 소가 온다』에서는 스토리를 차별화하는 핵심 개념으로 '비상한'이란 뜻의 영단어 '리마커블Remarkable'을 제시한다. 그저 그런 누런 소들로 가득 찬 지루한 들판의 풍경 속에서 만일 한 마리의 보랏빛 소를 보게 된다면 사람들은 경이로움을 느껴

누가 시키지 않아도 타인에게 열성적으로 이야기를 전하게 된다. 그는 "리마커블하고, 일관성 있고, 진정성이 있는 스토리를 들려줄 때 마케팅은 강력한 효과를 발휘할 수 있다."라고 주장한다.

이처럼 진정성이 있는 이야기라야 잘 들리고 오래 지속된다. 고객을 속이는 스토리는 언젠가 들통이 난다. 그리고 기만의 대가는 엄청나다. 세스 고딘은 『보랏빛 소가 온다』에서 이 점을 분명히 강조했다. 진실하지 않거나 지나치게 과장된 이야기는 잠시뿐이라는 것이다.

그는 비록 일시적으로 약간의 이익을 얻는다 하더라도 그것으로 끝이라고 주장하며 "성공하고 싶다면 이야기할 만한 무언가를 창조하라. 과대 선전이나 광고가 아닌 진짜 그 무엇을 창조해야 한다. 그것이 진실로 훌륭하다면 퍼져 나갈 것이다."라고 말한다. 이렇듯 사실에 바탕한 이야기라야 진정성을 느낀다.

어떤 스토리를 어떻게 전파해야 할까

소비자는 가치와 스토리를 구매한다. 따라서 상품에 이야기를 입혀야 시장에서 살아남는다. 누구나 즐겁고 훌륭한 이야기를 듣게 되면 자발적으로 그 이야기를 널리 전파한다. 그러므로 스토리는 다른 사람들에게 도저히 이야기하지 않고는 견딜 수 없는 감동적인 것이어야 한다.

경이로움, 부, 성공, 안전, 건강, 자부심, 진리, 사랑, 행복, 평안,

기쁨 등은 누구나 즐겨 하는 이야기의 주제다. 하지만 비즈니스 이야기가 이런 것들을 다룬다고 해서 다 감동을 주는 것은 아니다. 누구도 들려줄 수 없는 독특한 내용과 방식이 있어야 감동적인 이야기가 된다. 스티브 잡스가 "디자인은 애플의 영혼"이라고 강조한 것은 애플의 독특하고도 차별적인 가치를 고객들의 뇌리에 깊이 박히게 한 감동적인 이야기다.

고객의 관심을 끌면서 잘 들리는 이야기에는 이처럼 생동감이 넘치는 감동적인 내용이 들어 있다. 짧고 쉽고 재미가 있어야 하는 것은 기본이다. 그리고 이성보다는 감성에 호소하는 이야기가 큰 감동을 준다.

'필요한 것'이 아니라 '원하는 것'을 사도록 할 때는 특히 고객에게 놀라운 '느낌'을 주는 스토리가 잘 들린다. 전혀 들리지 않는 억지 이야기는 재앙이다. 스토리가 고객의 신뢰를 얻고 제대로 전파되려면 그 내용과 방식이 고객의 삶의 스타일과도 조화를 이루어야 한다. 그래야만 고객들이 기꺼이 그 스토리를 믿고 수용하며 타인에게 전파하여 비로소 스토리텔링은 성공한다.

어떤 비즈니스 스토리도 기업이 혼자서 창조하거나 발명하는 것이 아니다. 고객과의 협력의 결과다. 기업의 의도와 상관없이 스토리에 담긴 아이디어를 좋아하는 고객과 함께 만들어 낸다. 그리고 기업이 해야 할 일은 고객이 멋진 스토리를 만들 수 있도록 계기를 마련해

주는 것이다.

고객이 진정 필요로 하거나 원하는 가치들을 찾아내고 그것을 고객에게 제공해 훌륭한 스토리를 만들도록 지원해 주면 된다. 이처럼 비즈니스 스토리는 기업이 고객과 한 팀이 되어서 완성해 나간다.

그리고 그 이야기는 고객을 비롯한 이해 관계자와 함께 널리 전파되어야 한다. 아무리 좋은 이야기라도 확산되지 않으면 바로 사라진다. 어떤 스토리가 더 잘 퍼져 나갈까.

무엇보다 내용이 단순하고 쉬워야 한다. 그리고 이야기를 듣는 이들이 퍼뜨릴 만한 가치가 있다고 확신할 때 확산의 범위와 속도는 증가한다. 나아가 스토리의 가치가 혁신적이고 유익할수록 공유하고 싶어 하는 사람들이 많아지고 더 빨리 경쟁적으로 퍼져 나간다.

3차원의 가상 세계인 메타버스나 대화형 인공 지능 서비스 챗GPT 같이 혁신적인 아이디어가 우리 삶에 도움을 줄 것이라는 확신이 있다면 그 스토리는 큰 관심과 인기를 모으며 순식간에 전파된다.

최근에는 자동차나 휴대폰 등의 신제품 출시를 앞두고 CEO가 직접 제품의 특징과 장점 등을 공개적으로 설명하는 것이 일상이 되었다. CEO는 이제 고객들에게 비즈니스 이야기를 전달하는 사람이다. 이해하기 쉽고 멋지며 동시에 단순한 스토리를 만들어서 능수능란하게 이야기하는 것이 CEO의 필수 기술로 여겨지고 있다.

따라서 CEO의 임무에 연기자 역할도 포함되어야 할 듯하다. CEO

의 이야기 능력이 비즈니스의 성공을 보장하는 것은 아니라 하더라도 고객에게 긍정적인 임팩트를 주고 직원의 사기를 높이는 것만은 확실하다.

비즈니스 모델이 곧 비즈니스 스토리텔링

비즈니스 이야기란 실상은 비즈니스 모델을 제안하는 것과 같다. 비즈니스 모델이란 돈 버는 방법에 관한 이야기이기 때문이다. 비즈니스 모델이라는 용어처럼 다양한 뜻을 지닌 개념도 드물다. 우선 경영 이념이나 신조, 미션 등과 유사하게 쓰인다. 고객에게 가치를 제공하기 위한 전략을 말하기도 한다. 보통은 사업의 내용과 방식을 포괄적으로 담은 사업 계획 또는 사업 아이디어와 사업 시스템을 뜻한다.

특허 분야에서는 지식 재산권을 일컫기도 한다. 인터넷을 활용한 온라인 창업에서는 벤처 기업의 총체적 마스터 플랜과 동의어다. 벤처 기업이 투자를 이끌어 내기 위해 비즈니스 아이디어의 성공 가능성을 투자자에게 설득하는 도구가 바로 비즈니스 모델이다.

비즈니스 모델은 목표 고객 집단을 규정하고 그들에게 가치를 제안하며 수익을 실현하는 방법 등을 고객, 투자자, 직원에게 구체적으로 들려주는 이야기다. 조안 마그레타는 저서 『경영이란 무엇인가』에서 비즈니스 모델을 "회사나 조직이 고객과 모든 이해 관계자들을 위해 어떻게 가치를 창출하고 어떻게 성과를 낼 수 있을지에 관한 방법을 담아 설명하는 이야기"라고 했다.

김병도 서울대 교수는 저서 『경영학 두뇌』에서 비즈니스 모델이란 "어떤 사업이 고객과 기업을 위해 가치를 제공하는 방법을 구체적으로 설명한 것"이라고 정의했다. 이렇듯 비즈니스 모델은 이해 관계자와 구성원의 역할, 사업의 구조, 동작 원리 등을 설명하는 비즈니스 설계도다.

성공적인 비즈니스 모델은 지금까지 통했던 돈 버는 이야기보다 더 좋은 이야기를 만들어서 들려준다. 주로 현재의 가치 사슬 프로세스상의 요소들을 변화시켜 새로운 가치를 창출해 제안한다.

비즈니스 현장에서는 ERRC라는 네 가지 프레임워크를 활용해서 새로운 모델을 창안해 왔다. 지금까지 당연한 것으로 받아들인 가치 사슬의 요소를 제거Eliminate, 감소Reduce, 증가Raise시키거나 새로운 요소를 창조Create해 비즈니스 모델을 제안하는 것이다.

하지만 인터넷 공간의 상업적 활용처럼 현재의 가치 사슬을 뛰어넘는 전혀 다른 형태의 새로운 가치 사슬 구조를 창안하는 혁신적인 비즈니스 모델도 등장한다. 역사상 대표적인 비즈니스 모델 혁신은 1950년 다이너스클럽이 처음으로 신용 카드를 세상에 내놓은 사건이나 1959년 제록스가 장당 복사비를 청구하는 복사기 임대 사업을 시작한 것이다.

동네 주민들을 대상으로 하는 야드 세일을 인터넷 경매 형식으로 확대한 이베이, 중간상을 완전히 배제하고 고객과 일대일 맞춤으로 컴퓨터를 제조 판매한 델컴퓨터도 모두가 더 나은 방법을 발견해 사업의 기회로 만든 혁신적인 비즈니스 모델이다. 에어비앤비는 '어디에서나 우리 집'이란 아이디어로 단 한 칸의 방도 없이 세계 최대의 숙박 서비스를 제공하는 혁신적 비즈니스 모델이다.

비즈니스 모델이 이처럼 큰 주목을 받으면서 많은 경영학자들이 비즈니스 모델의 구성 요소를 구체적으로 제시하기 위해 노력해 왔다. 마크 존슨은 고객가치 제안, 이익 창출 방정식, 핵심 자원과 프로세스라는 세 가지 요소가 비즈니스 모델을 구성한다고 말한다.

이와 유사하게 혁신 연구자이자 컨설턴트인 나가누마 히로유키는 고객, 마케팅, 기업 조직 등을 핵심 요소로 제시했다. 특히 이익 최대화보다 고객과 사회에 대한 공헌 가치라는 영향력이 더 중요하다고 주장했다.

최근에는 알렉산더 오스터왈더와 예스 피그누어가 저서 『비즈니스 모델 캔버스』에서 비즈니스 모델의 구성 요소와 수익이 어떻게 실현되는지를 한눈에 볼 수 있게 만든 그래픽 템플릿을 제안했다. 비즈니스 모델 캔버스는 고객가치의 제안과 이를 실현하기 위한 가치 생산 및 전달의 두 부분에서 아홉 가지 영역을 제안하고 있다.

캔버스의 오른편에 위치한 가치 전달 부분은 고객 집단, 고객 관계, 채널가치 전달 방식과 수익 등 네 가지 영역으로 구성된다. 왼편의 가치 생산 부분은 핵심 활동, 핵심 파트너십, 핵심 자원 그리고 비용 등 네 가지 영역이 차지한다. 하지만 캔버스의 핵심은 고객가치 제안과 그 가치를 뒷받침하는 세 영역, 즉 고객 집단과 고객 관계 활동 및 수익원의 내용과 방법 그리고 그들의 관계에 관한 이야기다.

캔버스의 구성 요소는 서비스 기업에서 작성하는 서비스 청사진과 매우 흡사하다. 서비스 청사진은 가시성을 경계로 해 서비스 생산 과정과 고객에게 서비스를 전달하는 고객 접촉 단계로 양분된다.

예컨대 연극 공연에서 무대 뒷부분에서는 대본에 따른 제반 공연 준비가 이루어진다. 연극이 시작되면 배우가 무대에서 연기를 통해 객석의 관람 고객들과 상호 작용하는 장면이 연출된다. 연극을 비롯한 모든 서비스에서 서비스 가치가 '사람과 함께' 디자인되듯이 비즈니스 모델도 내부 고객인 직원, 협력 고객인 파트너 그리고 비즈니스의 진짜 주인인 고객들이 함께 손잡고 만들어 나가야 한다.

비즈니스 모델의 혁신은 기업, 고객, 사회를 위해 새로운 가치를 창출하고 제안하는 일이다. 혁신은 지금도 활발히 계속되고 있고 산업 구조의 급변으로 규모와 속도는 더욱 커지고 있다. 비즈니스의 진정한 성공에 비즈니스 모델의 혁신은 필수적이다. 따라서 기업은 고객과 함께 멋지고 놀랍고 흥미로운 새로운 이야기를 끊임없이 만들어서 이해 관계자에게 들려주어야 한다. 모든 비즈니스는 스토리텔링이기 때문이다.

(2023년 5월호)